ACCESO GRATIS ***a la Lectura en la Nube***

Para visualizar el libro electrónico en la nube de lectura envíe junto a su nombre y apellidos una fotografía del código de barras situado en la contraportada del libro y otra del ticket de compra a la dirección:

ebooktirant@tirant.com

En un máximo de 72 horas laborales le enviaremos el código de acceso con sus instrucciones.

La visualización del libro en **NUBE DE LECTURA** excluye los usos bibliotecarios y públicos que puedan poner el archivo electrónico a disposición de una comunidad de lectores. Se permite tan solo un uso individual y privado

PROPIEDAD INTELECTUAL: PERSPECTIVAS CRÍTICAS PARA EL SIGLO XXI

COMITÉ CIENTÍFICO DE LA EDITORIAL TIRANT LO BLANCH

María José Añón Roig
Catedrática de Filosofía del Derecho de la Universidad de Valencia

Ana Cañizares Laso
Catedrática de Derecho Civil de la Universidad de Málaga

Jorge A. Cerdio Herrán
Catedrático de Teoría y Filosofía de Derecho Instituto Tecnológico Autónomo de México

José Ramón Cossío Díaz
Ministro en retiro de la Suprema Corte de Justicia de la Nación y miembro de El Colegio Nacional

María Luisa Cuerda Arnau
Catedrática de Derecho Penal de la Universidad Jaume I de Castellón

Manuel Díaz Martínez
Catedrático de Derecho Procesal de la UNED

Carmen Domínguez Hidalgo
Catedrática de Derecho Civil de la Pontificia Universidad Católica de Chile

Eduardo Ferrer Mac-Gregor Poisot
Juez de la Corte Interamericana de Derechos Humanos Investigador del Instituto de Investigaciones Jurídicas de la UNAM

Owen Fiss
Catedrático emérito de Teoría del Derecho de la Universidad de Yale (EEUU)

José Antonio García-Cruces González
Catedrático de Derecho Mercantil de la UNED

José Luis González Cussac
Catedrático de Derecho Penal de la Universidad de Valencia

Luis López Guerra
Catedrático de Derecho Constitucional de la Universidad Carlos III de Madrid

Ángel M. López y López
Catedrático de Derecho Civil de la Universidad de Sevilla

Marta Lorente Sariñena
Catedrática de Historia del Derecho de la Universidad Autónoma de Madrid

Javier de Lucas Martín
Catedrático de Filosofía del Derecho y Filosofía Política de la Universidad de Valencia

Víctor Moreno Catena
Catedrático de Derecho Procesal de la Universidad Carlos III de Madrid

Francisco Muñoz Conde
Catedrático de Derecho Penal de la Universidad Pablo de Olavide de Sevilla

Angelika Nussberger
Catedrática de Derecho Constitucional e Internacional en la Universidad de Colonia (Alemania). Miembro de la Comisión de Venecia

Héctor Olasolo Alonso
Catedrático de Derecho Internacional de la Universidad del Rosario (Colombia) y Presidente del Instituto Ibero-Americano de La Haya (Holanda)

Luciano Parejo Alfonso
Catedrático de Derecho Administrativo de la Universidad Carlos III de Madrid

Consuelo Ramón Chornet
Catedrática de Derecho Internacional Público y Relaciones Internacionales de la Universidad de Valencia

Tomás Sala Franco
Catedrático de Derecho del Trabajo y de la Seguridad Social de la Universidad de Valencia

Ignacio Sancho Gargallo
Magistrado de la Sala Primera (Civil) del Tribunal Supremo de España

Elisa Speckman Guerra
Directora del Instituto de Investigaciones Históricas de la UNAM

Ruth Zimmerling
Catedrática de Ciencia Política de la Universidad de Mainz (Alemania)

Fueron miembros de este Comité:
Emilio Beltrán Sánchez, Rosario Valpuesta Fernández y **Tomás S. Vives Antón**

Procedimiento de selección de originales, ver página web:
www.tirant.net/index.php/editorial/procedimiento-de-seleccion-de-originales

PROPIEDAD INTELECTUAL: PERSPECTIVAS CRÍTICAS PARA EL SIGLO XXI

Cristian David Sarmiento
Natalia Tobón Franco

tirant lo blanch
Bogotá, 2024

Copyright ® 2024

Todos los derechos reservados. Ni la totalidad ni parte de este libro puede reproducirse o transmitirse por ningún procedimiento electrónico o mecánico, incluyendo fotocopia, grabación magnética, o cualquier almacenamiento de información y sistema de recuperación sin permiso escrito de los autores y del editor.

En caso de erratas y actualizaciones, la Editorial Tirant lo Blanch publicará la pertinente corrección en la página web www.tirant.com.

Sarmiento, Cristian David, autor.
Propiedad intelectual: perspectivas críticas para el siglo XXI / Cristian Sarmiento Páez y Natalia Tobón Franco. – Primera edición. – Bogotá: Tirant lo Blanch, 2024.

204 páginas: ilustraciones.
Incluye referencias bibliográficas: pp. 189-199.
ISBN: 978-84-1071-591-2

1. Derechos de autor. I. Tobón Franco, Natalia, autora. II. Título.
LC: K70.I58 CDD: 346.048 ed. 23
Catalogación en publicación de la Biblioteca Carlos Gaviria Díaz

© Cristian David Sarmiento
Natalia Tobón Franco

© TIRANT LO BLANCH
EDITA: TIRANT LO BLANCH
Calle 11 # 2-16 (Bogotá D.C.)
Telf.: 4660171
Email: tlb@tirant.com
Librería virtual: www.tirant.com/co/
ISBN: 978-84-1071-591-2

Si tiene alguna queja o sugerencia, envíenos un mail a: *atencioncliente@tirant.com*. En caso de no ser atendida su sugerencia, por favor, lea en *www.tirant.net/index.php/empresa/politicas-de-empresa* nuestro procedimiento de quejas.

Responsabilidad Social Corporativa: http://www.tirant.net/Docs/RSCTirant.pdf

Índice

Prefacio

Algunos de nosotros llegamos a la propiedad intelectual por la inspiración de un profesor, otros por ser hijos de artistas, algunos estudiamos la materia por ser creadores innatos, e incluso, hay quienes se han dedicado a este campo del derecho por pura casualidad laboral. Independientemente de la razón que nos haya traído hasta aquí, pocas veces nos detenemos a pensar en el porqué, el para qué o hacia dónde nos dirigimos con nuestra profesión.

Los autores de esta obra somos dos abogados colombianos que, tras años de dedicación a la protección de derechos, hemos decidido plasmar en este documento algunas dudas que nos inquietan. Nos proponemos hacerlo de manera clara y sencilla, con la intención de invitar al lector a reflexionar, descubrir y decidir por sí mismo cuál es el camino "correcto" en esta materia.

Nuestras inquietudes surgieron al observar los excesos que a veces se cometen contra estos derechos debido a la ambigüedad de las normas, la influencia desmesurada de los grupos de presión, el desconocimiento de la materia y la insuficiente aplicación de las sanciones. Un profesor estadounidense ilustró esta situación de manera magistral: "Con demasiada frecuencia, el foco del pensamiento creativo ha pasado del departamento de investigación y desarrollo (I&D) al departamento legal"[1].

---

1 "¿Qué hacemos como sociedad cuando estos derechos que hemos creado con objetivos tan elevados y nobles se desvían hacia objetivos menos admirables, es decir, cuando los derechos de propiedad intelectual se convierten en vehículos para acciones incorrectas en materia de propiedad intelectual? En tales circunstancias, el sistema legal debe desarrollar una forma de responder". Robin Feldman, *Intellectual Property Wrongs*, 18 *Stanford Journal of Law, Business & Finance* 250 (2013), p. 253. Disponible at: https://repository.uchastings.edu/faculty_scholarship/1045.

También nos motivó el interés por reflexionar sobre la justificación de la existencia de las normas sobre propiedad intelectual en la actualidad, específicamente en la tercera década del siglo XXI, momento en que la tecnología y la cultura de la información están transformando rápidamente nuestra forma de crear, compartir y utilizar el conocimiento[2].

En este libro analizaremos las diversas perspectivas que se están discutiendo en el mundo sobre el papel de esta área de derecho y buscaremos determinar la forma cómo debería evolucionar –ampliar, limitar o eliminar la protección según los casos– para enfrentar los desafíos emergentes.

---

2 Todas las normas, incluidas las de propiedad intelectual, son creaciones humanas. Algunos creen que su validez proviene de principios superiores como la justicia y la dignidad humana (derecho natural), mientras que otros consideran que viene del contrato social (derecho positivo). Independientemente de la postura, las normas pueden modificarse para adaptarse a las nuevas necesidades y/o demandas de la sociedad.

Introducción

La propiedad intelectual ha evolucionado a la par con el desarrollo histórico de la humanidad. Desde que los seres humanos adquirieron la habilidad de pintar, escribir y crear artefactos para satisfacer sus necesidades, han buscado el reconocimiento como creadores y prerrogativas para controlar y aprovechar el uso que otros dan a sus creaciones[1].

Ya sea buscando perdurar en la memoria colectiva, por ego, honor[2], las personas desde siempre han aspirado a ser identificadas en relación con sus creaciones y a poder beneficiarse de los frutos que estas generen. Así fue como nacieron los derechos sobre las creaciones humanas, específicamente lo que conocemos como "propiedad intelectual".

La propiedad intelectual ha desempeñado un papel crucial en el avance de los derechos humanos y en la evolución de los estados modernos[3]. Cuando una creación intelectual se materializa,

---

1 "... (d)eseando sobre todo hacer comprender en qué momento y en qué circunstancias el derecho de autor no nació -ha existido siempre- sino que entró en legislación positiva". Pouillet, Eugène. *Tratado teórico y práctico de la propiedad literaria y artística y del derecho de representación.* Marchal, Billard, Paris, 1879, p. 2.

2 Las referencias de la literatura clásica resaltan los atributos de honor, prestigio y respeto frente a los autores y sus obras. Entre los griegos, en un concurso literario, Aristófanes premió al participante que el público juzgó como el menos hábil, en consideración a su originalidad, así: "Aristófanes demostró que las obras de todos los otros atletas eran copias serviles de obras preexistentes. A partir de ese entonces éstos fueron condenados ante el areópago por robo y expulsados de la ciudad" (1974, p. 130)" Pabón Cadavid. "De los privilegios a la propiedad intelectual". Universidad Externado de Colombia, Bogotá, 2010, p. 44.

3 "El mundo de hoy concede gran atención al desarrollo económico y también al desarrollo social y cultural, pero lo cierto es que la fuerza impulsora de tales desarrollos son las visiones, ideas y esfuerzos creativos

ya sea en forma de una obra artística, una invención tecnológica o una expresión cultural, se convierte en un vehículo poderoso para transmitir conocimiento y una visión única al mundo.

Al principio se trató de un conjunto de normas que buscaba simplemente el reproche social de la copia, pero con el tiempo pasó a ser una forma de propiedad especial reconocida por el derecho civil[4]. Hoy, aunque pareciera que el debate sobre la conveniencia de otorgar derechos de propiedad sobre las creaciones intelectuales fue superado hace años o incluso siglos, nos encontramos ante una realidad completamente diferente a la que dio origen a las primeras normas nacionales, bilaterales y multilaterales para la protección de la propiedad intelectual y con cada nueva tecnología surgen nuevos cuestionamientos en torno a la forma en que el derecho se debe o no adaptar para hacerle frente.

En un mundo donde la información fluye instantáneamente y las creaciones pueden ser reproducidas y distribuidas con facilidad, es crucial analizar si el sistema de propiedad intelectual tradicional sigue siendo adecuado, si esta protección impulsa la innovación y el progreso, o si en ocasiones actúa como una barrera para el acceso a la cultura, al conocimiento y al mejor desarrollo cultural, social y económico de los Estados.

En este análisis sobre la propiedad intelectual en el siglo XXI examinaremos sus beneficios y ofreceremos recomendaciones para el futuro. Cada sección proporciona una comprensión profunda del tema, evaluando si es necesario o no que la propiedad intelectual evolucione para abordar los desafíos y oportunidades emergentes.

---

de personas con talento" Olsson, Henry. 1988. *La OMPI Y Los Convenios Internacionales Sobre Derecho De Autor Y Derechos Conexos.* III Congreso Internacional Sobre La Protección De Los Derechos Intelectuales (Del Autor, el Artista, y el Productor). Lima, Perú: OMPI, Biblioteca Nacional del Perú, Pontificia Universidad Católica del Perú, 1988, pág. 11.

4 Colombia. Código Civil. "Artículo 671. Las producciones del talento o del ingenio son una propiedad de sus autores. *Esta especie de propiedad se regirá por leyes especiales*". (cursiva es nuestra)

I. Definición de la propiedad intelectual

1. ALCANCE DEL CONCEPTO "PROPIEDAD INTELECTUAL"

El poder de usar y disponer de un bien es lo que se denomina derecho de propiedad[1]. Si ese poder se ejerce sobre un bien corporal (mueble o inmueble) o sobre un derecho o bien "incorporal"[2] (ej. derecho de crédito sobre una deuda) hablamos de derecho de propiedad común, pero si ese poder se ejerce sobre un bien intangible o intelectual, como sería una creación artística o una invención científica, se trata de un derecho de propiedad intelectual[3]. La propiedad intelectual tiene una regulación diferente a la propiedad común, pero comparte con ésta los mismos principios.

A continuación, presentamos un cuadro comparativo que muestra las diferencias principales entre el derecho de propiedad común y el derecho de propiedad intelectual:

---

1 Artículo 669 del Código Civil colombiano.

2 Según el artículo 670 del Código Civil colombiano: "Sobre las cosas incorporales hay también una especie de propiedad. Así, el usufructuario tiene la propiedad de su derecho de usufructo".

3 El derecho que tiene el autor de un libro sobre su obra no recae sobre la pasta y el papel en que está impreso, sino sobre la forma creativa en que ordenó y escogió las palabras y los gráficos para expresar sus ideas. De esta forma, podemos distinguir del derecho que recae sobre el ejemplar del libro (propiedad común), del derecho sobre la posibilidad de reproducir, transformar o comunicar públicamente el contenido de dicho libro (propiedad intelectual).Similar análisis puede hacerse en relación con la marca que identifica un producto o la invención que es patentada, entendiendo que se distingue entre la propiedad sobre la cosa, de la propiedad sobre la posibilidad de reproducir los productos con la marca o la invención patentada.

Tabla 1. Comparativo entre propiedad común y propiedad intelectual

Concepto	Propiedad común	Propiedad intelectual
Derechos conferidos	*Usus, fructus y abusus* (uso, goce y disposición) sobre propiedad común	*Usus, fructus y abusus* (uso, goce y disposición) sobre bienes intangibles/intelectuales
Limitaciones constitucionales	Deben cumplir una función social y ecológica	Deben cumplir una función social y ecológica
Contenido	Patrimonial	Patrimonial y en algunos casos también moral
Bien sobre el cual recae la propiedad	Tangible (mueble o inmueble) o incorporal (derecho de crédito).	Intangible o intelectual.
Termino de protección	Perpetuo como regla general	Limitado en el tiempo, como regla general
Modo de adquisición	Prescripción, Accesión, Tradición, Ocupación, Sucesión, Adjudicación	Creación, Tradición, Sucesión

Fuente: Elaboración propia

Tal y como existen diferentes normas que regulan cada uno de los bienes que hacen parte de la propiedad común, en la propiedad intelectual existen diferentes ramas que se encargan de cada una de las creaciones protegidas. A continuación, encontrará un cuadro a través del cual se describen, a grandes rasgos, los bienes intangibles y la rama del derecho de propiedad intelectual que regula su protección[4]:

---

[4] El primer y quizá único referente que encontramos a nivel internacional sobre la definición de propiedad intelectual se encuentra en el Convenio de Estocolmo de 1967, por medio del cual se establece la Organización Mundial de la Propiedad Intelectual. Según el artículo 2° de este convenio, por "Propiedad Intelectual" se entienden los derechos relativos a las obras literarias, artísticas y científicas, a las interpretaciones de los artistas intérpretes y a las ejecuciones de los artistas ejecutantes, a los fonogramas y a las emisiones de radiodifusión, a las invenciones en todos los campos de la actividad humana, a los descubrimientos científicos, a los dibujos y

Tabla 2. Bien incorporal y derecho de propiedad intelectual correspondiente

Bien incorporal	Derecho de propiedad intelectual
Invención	Patente de invención o modelo de utilidad: secreto empresarial
Formulas, patrones, planes de negocios, métodos o procesos de producción, información de investigación y desarrollo, listas de cliente so proveedores, información sobre lo que no se debe hacer, descubrimientos.	Secreto empresarial
Signos (nombre, gráfico, olor, color) que sirven para identificar los productos o servicios de una persona de los de otra, sirve como indicativo de procedencia y en ocasiones, según el caso, puede constituí una garantía de calidad para el consumidor.	Marca
Signos que sirven para distinguir la actividad mercantil de un empresario, un establecimiento de comercio, o la procedencia geográfica de determinados productos.	Nombre comercial, enseña comercial, indicación geográfica
Obra científica, literaria o artística original expresada de cualquier forma que constituya una expresión del espíritu del autor y que se pueda reproducir por cualquier medio conocido o por conocer.	Derecho de autor
Interpretaciones de los artistas intérpretes y las ejecuciones de los artistas ejecutantes, fonogramas y a las emisiones de radiodifusión.	Derechos conexos
Variedades vegetales	Derecho de obtentor de variedades vegetales

Fuente: Elaboración propia

La legislación de la mayoría de los países divide los derechos de propiedad sobre bienes incorporales (propiedad intelectual) en dos: los derechos de autor y derechos conexos, que recaen sobre las

---

modelos industriales, a las marcas de fábrica, de comercio y de servicio, así como a los nombres y denominaciones comerciales, a la protección contra la competencia desleal, y todos los demás derechos relativos a la actividad intelectual en los terrenos industrial, científico, literario y artístico.

obras literarias y artísticas, así como los derechos de aquellos que contribuyen a la divulgación de las obras protegidas por el derecho de autor (artistas intérpretes y ejecutantes, productores de fonogramas y organismos de radiodifusión); y el derecho de la propiedad industrial, que cobija los signos distintivos, las nuevas creaciones y la prohibición de cometer actos de competencia desleal.

Los signos distintivos son las marcas, los nombres comerciales, las enseñas, los rótulos, las denominaciones de origen, las indicaciones de procedencia y el lema comercial. Se les denomina "distintivos" porque su función es identificar un producto o servicio, un establecimiento, u otra prestación mercantil de la competencia.

Las nuevas creaciones, por su parte, son bienes que, aunque no tienen existencia física, son producto de la invención humana y se protegen a través de figuras como las patentes de invención o modelo de utilidad, los diseños industriales, los trazados de circuitos integrados y los derechos de los obtentores vegetales.

La prohibición de cometer actos de competencia desleal incluye una protección en favor de los secretos empresariales, y contra los actos de confusión o engaño.

Veamos el siguiente cuadro:

Gráfico 1. Clasificación tradicional de la propiedad intelectual

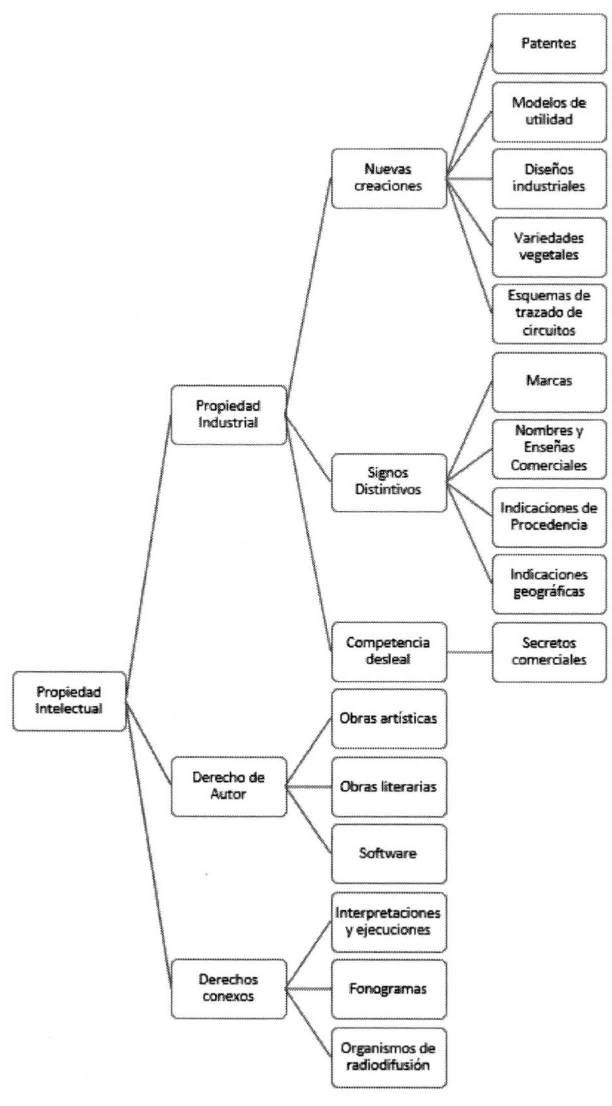

Fuente: Elaboración propia

Por lo menos en Colombia hay que decir que el derecho de propiedad sobre bienes corporales (tangibles) o incorporales (intangibles) no es absoluto sino relativo. Así lo dispuso la Corte Constitucional de Colombia al analizar el texto del artículo 669 del Código Civil de 1886:

> "El dominio (que se llama también propiedad) es el derecho real en una cosa corporal, para gozar y disponer de ella *arbitrariamente*, no siendo contra ley o contra derecho ajeno".

La parte que aparece en cursiva, es decir, la palabra *arbitrariamente* fue declarada inexequible –contraria a la Constitución– "pues todo derecho tiene que armonizarse con los demás que con él coexisten"[5]. Con anterioridad a este pronunciamiento, la Corte Suprema de Justicia ya se había referido a la función social de la propiedad[6], a la que debe agregarse la función ecológica, a partir de los postulados consagrados en el artículo 58 de la Constitución Política de Colombia[7]. Así, los actos de explotación y disposición

---

5 Colombia, Corte Constitucional. Sentencia C-595, agosto 18/99.

6 Colombia, Corte Suprema de Justicia. Sentencia, agosto 11/88.

7 "Se garantizan la propiedad privada y los demás derechos adquiridos con arreglo a las leyes civiles, los cuales no pueden ser desconocidos ni vulnerados por leyes posteriores. Cuando de la aplicación de una ley expedida por motivos de utilidad pública o interés social, resultaren en conflicto los derechos de los particulares con la necesidad por ella reconocida, el interés privado deberá ceder al interés público o social.
La propiedad es una función social que implica obligaciones. Como tal, le es inherente una función ecológica.
El Estado protegerá y promoverá las formas asociativas y solidarias de propiedad.
Por motivos de utilidad pública o de interés social definidos por el legislador, podrá haber expropiación mediante sentencia judicial e indemnización previa. Esta se fijará consultando los intereses de la comunidad y del afectado. En los casos que determine el legislador, dicha expropiación podrá adelantarse por vía administrativa, sujeta a posterior acción contenciosa–administrativa, incluso respecto del precio." (el resaltado es nuestro). Al respecto, la Corte Constitucional colombiana señaló: "De acuerdo con

sobre bienes de propiedad intelectual, al igual que en el caso de la propiedad común, se encuentran delimitados por las normas imperativas fundadas en el orden público[8].

La temporalidad de la protección de las distintas figuras de la propiedad intelectual es tal vez la mejor muestra del interés del legislador por limitar este derecho de propiedad, contrario a lo que sucede con la propiedad común que tiene vocación de perpetuidad[9]. Generalmente la vigencia de una patente es de 20 años, la de los modelos de utilidad y los diseños industriales es de 10 años, y la de los derechos patrimoniales de autor es de 80 años posteriores a la muerte del autor o 70 años después de la publicación, según su titular sea una persona natural o jurídica. Con pos-

---

la sentencia en comento, la ecologización de la propiedad es producto de la evolución del concepto de Estado, de un parámetro puramente individual (liberal clásico) a un mandato que supera -inclusive- el sentido social de la misma para, en su lugar, formular como meta la preservación de las generaciones futuras, garantizando el entorno en el que podrán vivir". (resaltado es nuestro) Colombia. Corte Constitucional. Sentencia T-760 de 2007. Magistrada Ponente: Clara Inés Vargas Hernández.

8 En materia de derecho de autor, señaló Ricardo Antequera: "*Es cierto que en las leyes sobre derecho de autor hay algunas disposiciones de orden público, por ejemplo, las que establecen la inalienabilidad e irrenunciabilidad del derecho moral del autor y la irrenunciabilidad del derecho de participación o droit de suite y de otros derechos de remuneración, o las que declaran la nulidad de la cesión de derechos patrimoniales con respecto al conjunto de las obras que un autor pueda crear en el futuro, al igual que cualquier estipulación en la que el autor se obligue a no crear ninguna obra en el futuro, ya que en tales casos la voluntad de los individuos se ve restringida.*" (resaltado es nuestro) Antequera, Ricardo. *Estudios de derecho Industrial y Derecho de Autor.* Editorial Temis S.A. Bogotá. Segunda Edición. 2021. pág. 324, 327.

9 "La propiedad intelectual es temporal: dura la vida del autor y ochenta años más (...); la común es *perpetua. La temporalidad* es reflejo de la preeminencia de aquélla en el campo de los valores y los esfuerzos humanos" (el resaltado es nuestro). Colombia, Corte Suprema de Justicia, Sala Plena. Sentencia del 10 de febrero de 1960. Magistrado Ponente: Humberto Barrera Domínguez.

terioridad a esos plazos, la invención o la creación artística pasa a enriquecer el dominio público[10], donde cualquier persona puede usar y disponer de ellas sin pagar contraprestación[11].

Existen excepciones a esta temporalidad. Por ejemplo las marcas, a pesar de tener una protección inicial de 10 años, pueden renovarse indefinidamente por su titular, como regla general. La misma situación se aplica a otros activos de propiedad intelectual que no tienen una protección temporal específica, siempre y cuando se cumplan ciertas condiciones, como el uso continuado y de buena fe de los nombres o enseñas comerciales[12], factores personales y territoriales que dieron lugar a las denominaciones

---

10 "El dominio público en materia de derechos de autor implica que nadie tiene un derecho de exclusiva para gozar de las facultades patrimoniales sobre la obra, y, en consecuencia, la obra puede ser explotada por cualquier persona, por lo cual no hay en sentido estricto, un dominio como no lo hay sobre el aire o la luz solar. El dominio público en materia de derechos de autor, a diferencia de la noción de bienes de dominio público a que se refiere el art. 674 del Código Civil, no implica que pertenezcan al Estado" — Pachón Muñoz, Manuel. *Manual de derecho de autor.* Temis, Bogotá, 1988, p. 75.

11 Podríamos decir que se trata de dos momentos que derivan de un mismo derecho de propiedad intelectual: la protección en favor de un creador, como incentivo a su labor creativa y la protección del usuario, al paso de un determinado periodo de tiempo. Señaló Anne Barron: "*El dominio protegido por el copyright y el dominio público (es decir, la reserva de materiales intelectuales que pueden ser utilizados libremente en la actividad autoral) deben verse como dos momentos de una única estructura integrada orientada a garantizar la misma libertad de autor para todos.*" Traducción propia. Barron, Anne. *Kant, Copyright and Communicative Freedom.* Law and Philosophy, vol. 31, 2012, Págs. 1–48.

12 Decisión 486, artículo 191. "El derecho exclusivo sobre un nombre comercial se adquiere por su primer uso en el comercio y termina cuando cesa el uso del nombre o cesan las actividades de la empresa o del establecimiento que lo usa".

de origen[13], o la preservación de información secreta en el caso de los secretos empresariales[14].

Esta protección particular se explica porque si bien las marcas, los nombres o enseñas comerciales y las denominaciones de origen son activos de los comerciantes, también ayudan a los consumidores a identificar un producto o servicio, a un empresario, o a un producto con condiciones específicas. Los secretos empresariales se basan en una lógica sencilla: si la información permanece en secreto, está protegida.

Existen otras situaciones que permiten pensar en otras limitaciones a la propiedad intelectual en Colombia: la obligación de conceder licencias obligatorias sobre patentes si no se han explotado al cabo de un tiempo (Decisión 486 de 2000 artículo 61), la posibilidad de solicitar la cancelación de marcas que no hayan sido usadas en los tres (3) años anteriores a la fecha de solicitud de cancelación (Decisión 486 de 2000 artículo 165) o cuando éstas se han vulgarizado y no permiten identificar al producto o servicio (Decisión 486 de 2000 artículo 169), y las limitaciones al derecho de autor, dentro de las que encontramos las limitaciones y excepciones, conocidas también como uso justo o *fair use* en países como Estados Unidos (derecho de cita, derecho de reproducción para ilustración y enseñanza, entre otras).

---

13 Decisión 486, artículo 206 dispone que "Una denominación de origen se protege mientras las condiciones que la justifican existan. La oficina competente puede terminar esta protección si las condiciones cambian, pero los interesados pueden solicitarla de nuevo si creen que las condiciones originales han vuelto. La declaración de protección puede modificarse si cambian los elementos que la definen, siguiendo el mismo procedimiento que su declaración inicial".

14 Decisión 486, artículo 263. "La protección del secreto empresarial perdurará mientras existan las condiciones establecidas en el artículo 260".

2. NO TODOS LOS ACTIVOS INTANGIBLES ESTÁN CUBIERTOS POR LA PROPIEDAD INTELECTUAL

Los activos en general son recursos controlados por las empresas como resultado de eventos pasados (ej. la creación o compra), gracias a los cuales se espera obtener beneficios económicos futuros (ahorros, valorización, entradas de efectivo o adquisición de otros activos).

Los activos tangibles son aquellos que tienen sustancia física como los inmuebles (ej. casas, lotes, edificios) y los muebles (ej. computadores, sillas o mesas); y los activos intangibles, que son aquellos que carecen de sustancia física o mejor, que no se pueden tocar, como los siguientes[15]: Activos relacionados con contratos de licencia, franquicia y otros similares (ej. el saber hacer o *know-how*), activos relacionados con listados de clientes o proveedores contenidos en bases de datos especializadas (ej. los datos personales), activos relacionados con la tecnología, como serían los títulos de patentes, los modelos de utilidad, los diseños industriales y los secretos empresariales, activos relacionados con obras artísticas, literarias o software, que se encuentran protegidos por el derecho de autor y activos relacionados con el mercadeo, como serían las marcas, lemas comerciales, nombres comerciales, *good will*, etc.

Como se observa, no todos los activos intangibles están regulados por las normas de propiedad intelectual (PI por sus siglas). Hay activos intangibles, como por ejemplo los contratos o el *good will*, que no están sujetos a las reglas de PI, sino al derecho privado en general, específicamente a las reglas del Código Civil y el Código de Comercio. Así, si bien se trata de activos que eventualmente podrían constituir un activo protegido por la PI (ej. un contrato que se proteja como secreto comercial, o como obra literaria), en general se regulan por otras áreas.

A continuación, se presenta un cuadro comparativo que ilustra las diferencias entre activos intangibles en general y activos protegidos por la propiedad intelectual:

15 Torres Navarro, Rafael. *Lecciones de Derecho Marcario.* Bogotá: Editorial Universidad del Rosario, 2010, pp. 147-158.

Tabla 3. Comparación entre activos intangibles en general y activos protegidos por propiedad intelectual

Intangibles	Propiedad Intelectual
Los activos intangibles son aquellos bienes inmateriales, representados en derechos, privilegios o ventajas de competencia que, ya sea que se compren –sean adquiridos– o se desarrollen en el curso normal de los negocios –sean formados–, son valiosos porque contribuyen al aumento de los ingresos económicos de un ente comercial[16].	Es la propiedad que recae sobre algunos activos intangibles, como las marcas, las patentes, los secretos empresariales y el derecho de autor.
Están regulados por el derecho privado colombiano, en especial por el derecho civil y comercial.	Por su importancia están sujetos a una regulación especial que incluye normas supranacionales como los Convenios de Berna y París, el acuerdo sobre los ADPIC (Acuerdo sobre los derechos de Propiedad Intelectual relacionados con el Comercio), las Decisiones 351 y 486 de 2000 (aplicable en Colombia, Ecuador, Perú y Bolivia), la Constitución Política de Colombia (artículo 61) y otras normas especiales.

Fuente: Elaboración propia

Aunque existe una clasificación legal que a primera vista parece clara, en la vida real los diferentes activos intangibles pueden ser fácilmente confundidos, incluso por abogados expertos en la materia, como ocurre cuando intentamos diferenciar el secreto empresarial, la experiencia contractual y el *goodwill*:

---

16 Las Normas Internacionales de Contabilidad –NIC 38–, adoptadas en Colombia por Ley 1314 de 2009 y el Decreto 2784 de 2012, prescriben el tratamiento contable para los activos intangibles diferentes de los activos financieros; los derechos mineros; activos intangibles que surgen de contratos de seguro emitidos por compañías de seguros y en general todos los activos intangibles cubiertos por otra NIC, como serían los activos tributarios diferidos y activos de arrendamiento.

Tabla 4. Comparación entre secreto empresarial, experiencia contractual y good will

Secreto empresarial–*know how*	**Experiencia contractual**	***Good will* o crédito mercantil**
Bien intangible regulado por normas supranacionales de propiedad intelectual (Convenio de París, Acuerdo sobre los ADPIC, Decisión 486 de la Comunidad Andina, entre otros) y nacionales (Ley 256 de 1996).	Bien intangible personalísimo. No está regulado como figura independiente y sólo algunas normas lo mencionan17.	Bien intangible regulado por las reglas de la propiedad común (derecho comercial) y las reglas de contabilidad.
Transferible, siempre que se mantenga secreto.	Intransferible. Es un bien personalísimo inherente a la persona que lo adquiere18.	Aspectos transferibles: la ubicación; los secretos empresariales; el nombre comercial, las marcas, los procesos de fabricación, la organización, las franquicias y concesiones, la localización, etc. Aspectos intransferibles: aquellos factores que derivan de las cualidades personales del empresario, de su tacto, habilidad y competencia, de sus relaciones con el personal y sus vinculaciones con terceros.
Para existir debe ser secreto en el sentido de no ser generalmente conocido ni fácilmente accesible por quienes se encuentran en los círculos que normalmente manejan la información respectiva; tener valor por ser secreto, debe haber sido objeto de medidas razonables para mantener el secreto.	No tiene que ser secreto ni tener altura inventiva.	No debe ser secreto. Al contrario, mientras más se conozca mejor.

[17] Decreto 2474 de 2008, Decreto 734 de 2012, Decreto 1510 de 2013.

[18] Colombia, Superintendencia de Sociedades, Oficio 220-052743 de 2011.

Secreto empresarial-*know how*	Experiencia contractual	*Good will* o crédito mercantil
El secreto empresarial (know–how) es un activo intangible[19]. Se puede valorar económicamente y se puede aportar a una sociedad. No obstante, su protección no le otorga un título de propiedad (como lo hace con las marcas, patentes, derecho de autor), sino la facultad de impedir que terceros accedan y usen la información protegida sin autorización.[20]	No es un activo. No se puede valorar económicamente ni aportarse a una sociedad (ni siquiera como activo en especie) pero sí se permite invocarlo o acreditarlo para facilitar procesos de selección, en determinados casos. Es particularmente relevante en la contratación pública.[21]	El good will es un activo intangible[22] estimable en dinero. Usualmente su valoración económica se realiza al momento de reclamar su afectación por parte de un tercero, al realizar actos de injuria, calumnia o algún tipo de difamación o descrédito.

19 En materia contable, las NIC (38) disponen que el *know how* y el *good will* "*formados*" no se reconocen contablemente como un activo porque no constituyen un recurso identificable (es decir, no son separables ni surgen de derechos contractuales o derechos legales de otro tipo) que puedan ser medidos de forma fiable por su costo.

20 "En lo principal, la protección especial no se concreta en la atribución de un derecho de propiedad sobre la información objeto de secreto, sino en la prohibición impuesta a los terceros, a tenor de los previsto en el artículo 262 de la Decisión 486. Se protege, de manera general, al secreto empresarial de la adquisición, explotación, comunicación o divulgación sin el consentimiento de su titular y de manera contraria a los usos comerciales honestos. Tribunal de Justicia de la Comunidad Andina. Interpretación prejudicial 75-IP-2018. Magistrada Ponente. Cecilia Luisa Ayllón Quinteros. 30 de abril de 2019.

21 "Requisito habilitante de experiencia: Dentro de los principales requisitos habilitantes que se utilizan en los Procesos de Contratación se destaca la experiencia, la cual debe ser entendida como el conocimiento del proponente derivado de su participación previa en actividades iguales o similares a las previstas en el objeto del contrato con contratantes públicos, privados, nacionales o extranjeros". Agencia Nacional de Contratación Pública–Colombia Compra Eficiente. (2023). *Manual para determinar y verificar los requisitos habilitantes en los procesos de contratación*. Bogotá, D.C.: Colombia Compra Eficiente.

22 Op, cit. NIC (38)

Secreto empresarial-*know how*	**Experiencia contractual**	***Good will* o crédito mercantil**
Es uno de los variados elementos que contribuyen a que exista el good will, aunque puede existir good will sin él.	Es uno de los variados elementos que contribuyen al good will, aunque puede existir good will sin ella.	Está conformado por un variado conjunto de elementos que pueden o no aparecer según el caso: secretos empresariales y know how, marcas y patentes; excelente localización, calidad de la mercancía o del servicio, el buen trato dispensado a los clientes, las buenas relaciones con los trabajadores, la confianza que debido a un buen desempeño gerencial se logre crear en el sector financiero.
Si se revela o si otro descubre su contenido legalmente a través de sus propias investigaciones se pierde para siempre.	Es indiferente si es secreto o no.	No es secreto.

Fuente: Elaboración propia

Por otra parte, es posible clasificar a los intangibles dependiendo de si son más o menos tangibles, es decir, si su materialización o fijación tiene mayor presencia en el mundo físico[23]: (de izquierda a derecha en orden ascendente)

Tabla 5. Grado de "intangibilidad" de activos intangibles

Capital intelectual					
Patentes	Marcas registradas Logos y diseños	Derechos de autor Bases de datos Diseños industriales *Software*	Fórmulas magistrales Información confidencial Tecnología	*Know how* Conocimiento de clientes Investigaciones no patentables	Conocimiento tácito que aporta valor Capital humano

23 España. Oficina de Patentes y Marcas. (2008). Gestión y valoración de la cartera de propiedad intelectual. Carmelitano, Scout. Pricewaterhousecoopers. Valuations & Strategy. [Documento en línea]. Disponible en: <www.oepm.es> (Recuperado el 3 de febrero de 2008).

De esta manera, las patentes usualmente se conceden sobre invenciones en el mundo físico que solucionan un problema de la técnica (ej. medicamentos, productos biotecnológicos, bioquímicos, etc.), las marcas registradas sobre productos o servicios, el derecho de autor sobre creaciones que pueden materializarse en ejemplares físicos (ej. un libro, un CD, un lienzo) o no, la información confidencial podrá o no ser almacenada para permitir su trazabilidad, y finalmente el conocimiento de clientes o el capital humano serán elementos que residen en la mente de sus titulares y que por ende tendrán un menor nivel de "tangibilidad".

Independientemente de que los intangibles sean más o menos "tangibles", lo cierto es que los activos intangibles cada vez tienen más importancia económica para las empresas[24].

> "(El patrimonio de una empresa) puede encontrarse constituido no sólo por activos tangibles (maquinaria, insumos, dinero, etc.), sino también por activos intangibles (marcas, patentes, know how, good will, etc.) ambos con un valor de mercado determinado o determinable. Inclusive los activos intangibles, en muchos casos, tienen un valor económico superior al valor de los activos tangibles, pudiendo determinar que las empresas decidan tomar el control de otras empresas para hacerse de la titularidad de estos activos."[25]

Lo anterior se observa en el siguiente cuadro[26]:

---

[24] Así lo explican las autoridades colombianas: "Llama la atención del despacho el hecho de que frente a un secreto empresarial, generalmente considerado como uno de los activos intangibles más importantes de una compañía (...)". Colombia, Superintendencia de Industria y Comercio. Sentencia 01/06 y Sentencia 12/11.

[25] Perú. Organismo Supervisor de las Contrataciones del Estado (OSCE). (2013). Opinión nº 010-2013/ Vega Engenharia Ambiental S.A. Sucursal del Perú, sobre reorganización societaria, transmisión de experiencia y cesión de posición contractual. [Documento en línea]. Disponible en: <http://portal.osce.gob.pe/osce/sites/default/files/010-13%20-%20PRE%20-%20VEGA%20ENGENHARIA%20AMBIENTAL%20S.A.%20-Transmision%20de%20Experiencia%20VEGA%20ENGENHARIA.doc.> (Recuperado el 3 de mayo de 2017).

[26] Tomado de: Torres Navarro, Op. cit., p. 149.

Gráfico 2. Importancia económica de los intangibles

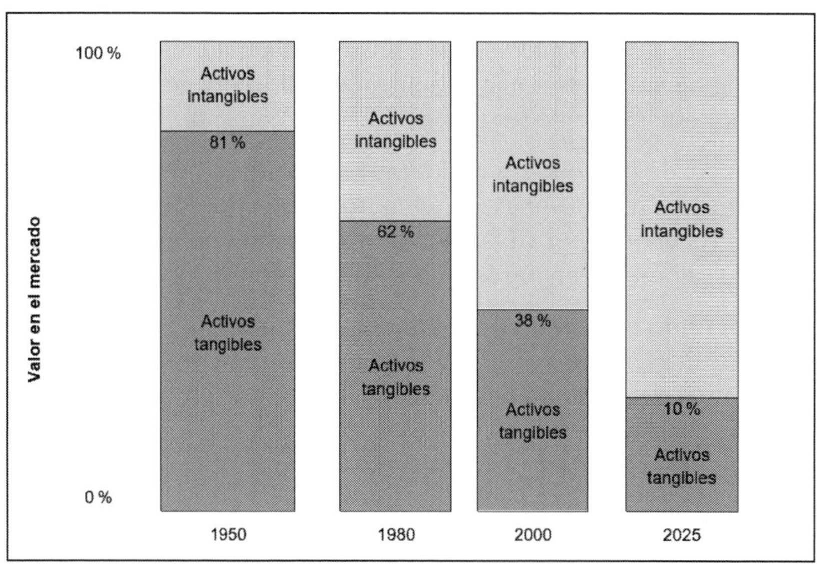

Fuente: Rafael Torres Navarro. *Lecciones de Derecho Marcario*. Bogotá: Editorial Universidad del Rosario, 2010.

Las Normas Internacionales de Contabilidad –NIC 38.8– exigen, para que un activo pueda ser considerado un intangible, que se cumplan los siguientes requisitos:

Tabla 6. Requisitos para ser considerado un bien intangible

• Que sea identificable, es decir, que pueda separado, vendido, transferido, licenciado, alquilado, o intercambiado, ya sea individualmente o como parte de un paquete. • Que otorgue control para poder obtener beneficios a partir de él. • Que genere beneficios económicos futuros.

Elaboración propia

Según estas disposiciones, las empresas sólo pueden reconocer un activo intangible, ya sea comprado o auto creado, sí y solamente sí [NIC 38.21], su costo puede ser medido contablemente. Si un elemento intangible no satisface esta definición, la NIC 38 exige que el desembolso por este elemento sea reconocido como un gasto [NIC 38.68].

A pesar de que existen reglas para calcular su valor, en Colombia, como en muchos países[27], el método de valoración de empresas más recurrido, por su facilidad, rapidez y economía, sigue siendo el de valoración en libros, que omite el valor de los intangibles[28].

A menudo el método de valoración de intangibles depende de su propósito[29]. En el contexto de transacciones comerciales, donde se busca determinar el valor de un intangible para una compra

27 En Estados Unidos hay quienes consideran que la falta de un sistema contable que calcule el valor de los intangibles, especialmente los secretos empresariales, genera serias distorsiones en la economía. "La diferencia entre el valor contable y la capitalización de mercado es el valor de los activos intangibles de la empresa, principalmente los activos secretos comerciales. (...) Sin embargo, no existen sistemas contables para estos activos. Indudablemente, pueden producirse amplias fluctuaciones en la capitalización de mercado de una empresa de la noche a la mañana debido a la pérdida de activos secretos comerciales, y los accionistas deben ser informados de cambios significativos en la valoración de estos activos secretos comerciales". Traducción propia. Halligan, M. (2013). Protecting U.S. trade secret assets in the 21st century. *Landslide*, *6*(1), 32-37. Retrieved from https://www.americanbar.org/groups/intellectual_property_law/publications/landslide/2013-14/september-october-2013/protecting_us_trade_secret_assets_the_21st_century/.

28 Colombia, Superintendencia de Sociedades, Circular Externa N° 07/01.

29 "Dadas las limitaciones que presentan los métodos tradicionales de valoración de activos intangibles y específicamente de inversiones en activos de base tecnológicas, y su dificultad para adaptarse a entornos cambiantes, hace ardua la tarea para que empresas y futuros inversionistas puedan considerar una valoración de este tipo como una base confiable y cierta de datos sobre los cuales tomar decisiones importantes." De Freitas D., S. del C. (2021). Valoración de activos intangibles basados en la metodología de opciones reales para evaluar inversiones tec-

o venta, se utilizan métodos como el enfoque de mercado o el enfoque de ingresos. Estos métodos evalúan el valor del intangible en función de transacciones comparables en el mercado o de los ingresos futuros que se espera genere.

Por otro lado, si el objetivo es realizar un informe financiero, se pueden preferir métodos como el costo de reemplazo, que estima el costo de recrear el intangible, o el valor presente neto, que evalúa los flujos de efectivo futuros asociados con el intangible. Estos métodos son útiles para determinar el valor contable y financiero del intangible en el contexto de la empresa.

En el marco de una disputa legal, como una infracción de derechos de propiedad intelectual, se pueden utilizar métodos como la regalía razonable o la comparación de licencias similares. La regalía razonable busca determinar la compensación justa que un tercero debería pagar por el uso del intangible, mientras que la comparación de licencias similares analiza acuerdos de licencia previos para intangibles comparables. Estos métodos ayudan a establecer el valor del intangible en el contexto de una posible compensación por infracción de derechos.

Quedó claro entonces que no todos los intangibles están protegidos a través de las normas de propiedad intelectual y que ello, sin embargo, no hace que estén desprotegidos ni que carezcan de valor[30].

---

nológicas. *Revista Actualidad Contable FACES (Venezuela), 42*, 36-96. Universidad de los Andes, Mérida.

30 En todo caso, debemos precisar que no todas las creaciones están protegidas por alguna rama del derecho, lo que implica que en muchos casos la única forma de obtener una protección o un sentido de exclusividad, será mediante la posibilidad material de excluir a terceros de dicha creación (medidas de acceso) o establecer una regulación con terceros desde el ámbito contractual, siempre y cuando se respete el concepto de orden público, el cual no puede ser vulnerado a pesar de la voluntad de las partes.

3. BREVE RESEÑA HISTÓRICA DE LA PROPIEDAD INTELECTUAL

Para algunos la propiedad intelectual se remonta a la antigüedad[31] pues desde el año 700 A.C., existen pruebas del interés de la humanidad por la protección de las creaciones del intelecto humano. En efecto, hay evidencias de que en la colonia griega de Síbari —región de Calabria, Italia—, los cocineros tenían derecho a "patentar" temporalmente los platos de comida que inventaban. Esta protección se aplicaba, como en las patentes, a la técnica real de preparar un plato y al texto de una receta. De hecho, en las culturas aborígenes del África, por ejemplo, las técnicas artísticas se heredaban mediante el parentesco o a través de la tradición de sus clanes.

Es más, para los autores de la antigua Grecia, particularmente en ciudades como Atenas, Esparta y Siracusa, las ideas se presumían regalos de los Dioses (los griegos siempre invocaban a las musas como su principal fuente de inspiración) y, en consecuencia, no podían ser objeto de venta o apropiación individual[32].

Por su parte, las marcas pueden remontarse al paleolítico superior, del cual datan grabados en los que se reflejaba la práctica de marcar el ganado; a Egipto, en donde los trabajos de albañilería eran identificados con una suerte de marca; o a Grecia y Roma en dónde se adoptó la práctica de usar signos para indicar la procedencia de los jarros de cerámica[33].

Las primeras normas que sentaron las bases del derecho de autor surgieron en el siglo XVIII, destacando el Estatuto de Ana en

---

31 Varela Pezzano, Eduardo y Tobón Franco, Natalia. "Revista Vniversitas." Bogotá (Colombia) N° 121: 217-232, julio-diciembre de 2010. Pontifica Universidad Javeriana, Bogotá.

32 *Ibídem.*

33 Piedra, Víctor et al. "La evolución de las marcas y su importancia en los mercados globalizados." *Ingenio y Conciencia: Boletín Científico de la Escuela Superior Ciudad Sahagún,* Vol. 9, N° 18 (2022).

Inglaterra en 1710[34]. Por otro lado, en el siglo XIX surgieron las primeras normas sobre propiedad industrial, como respuesta a la necesidad de algunos inventores de proteger sus descubrimientos contra la copia, y de los empresarios que querían distinguir sus productos de los de terceros.

Para esa época ya existían dos tendencias en el mundo sobre la protección a las invenciones del ingenio humano: una, denominada "movimiento anti patentes" que consideraba que no debería otorgarse protección alguna a las invenciones, pues se debería privilegiar el bienestar general de la humanidad sobre el particular del inventor, y otra que procuraba el otorgamiento de un monopolio de explotación temporal a los inventores por haber invertido creatividad, tiempo y dinero en sus obras, además de incentivar que crearan más. En términos geopolíticos, Alemania y Austria eran partidarias de la primera posición mientras que Estados Unidos de la segunda. Este tire y afloje entre estas posiciones terminó en 1883 a favor de los estadounidenses, cuando varios países firmaron el primer tratado multilateral para proteger la propiedad industrial, conocido como el Convenio de París, que

---

[34] Esta ley otorgaba a los editores el privilegio de producir y distribuir obras durante un periodo de tiempo, pasado el cual el autor podía cambiar y elegir otro editor. Sin embargo, sólo fue hasta 1886, año en el que se adoptó el Convenio de Berna para la Protección de las Obras Literarias y Artísticas, que existió la primera regulación internacional sobre la materia, a la cual le seguirían los tratados interamericanos de la primera mitad del siglo XX, los cuales concluirían con la adopción de la Convención Universal Sobre Derecho de Autor de 1952, que sirvió como puente para que múltiples países, como Colombia o los Estados Unidos, adoptaran el Convenio de Berna y que así se convirtiera en la columna vertebral del sistema internacional de protección al derecho de autor.

Colombia apenas suscribió a finales del siglo XX[35], como una de las obligaciones derivadas del acuerdo sobre los ADPIC[36].

En 1893 la oficina que administraba el Convenio de París y la que administraba el Convenio de Berna se unieron y crearon el denominado BIRPI (Oficinas Internacionales Reunidas para la Protección de la Propiedad Intelectual), la cual se convirtió en la entidad precursora de la actual Organización Mundial de la Propiedad Intelectual –OMPI–[37], que es el organismo regulador más importante de la propiedad intelectual en el mundo.

---

35 "Aunque las patentes de invención se originaron en Europa, tampoco puede decirse que hubo allí en el pasado reciente algún consenso unánime sobre el tema. De hecho, en el siglo XIX hubo un debate muy intenso y prolongado, especialmente en el cuarto de siglo comprendido entre 1850 y 1875 y en un momento parecía muy probable el triunfo del movimiento anti-patentes. La eventual victoria de la posición pro-patentes en el plano legislativo refleja una victoria política, pero no necesariamente una victoria intelectual". Cole, Julio. "¿Se justifican las patentes en una economía libre?" *Revista Themis* 38, p. 317-318, citando a Machlup, Fritz y Penrose, Edith. "The patent controversy in the nineteenth century". En: *Journal of Economic History* (May. 1950) p. 1-29.

36 Los artículos 1, 2 y 3 del Acuerdo sobre los ADPIC establecen que los países miembros de la Organización Mundial del Comercio deberán cumplir los artículos 1 a 12 y 19 del Convenio de París, además de conceder un trato nacional a los demás países miembros del Convenio. De esta forma, y con independencia de los motivos que dieron lugar a su adopción, el acuerdo sobre los ADPIC no buscó un cambio en la normativa decimonónica en materia de propiedad intelectual, sino la uniformidad de los estándares mínimos de protección establecidos en dicha normativa, en búsqueda de la consolidación de un sistema internacional de protección.

37 La OMPI fue creada mediante el Convenio de Estocolmo de 1967 con el objetivo de administrar adecuadamente los tratados internacionales vigentes en materia de propiedad intelectual. Se enfoca principalmente en los Convenios de París de 1883, de Berna de 1886 y de Roma de 1961, que protegen la propiedad industrial, el derecho de autor y los derechos conexos, respectivamente.

Pues bien, a pesar de esta bicentenaria historia, el tema de la protección de la propiedad intelectual sigue generando la misma polémica en nuestros días: por un lado están quienes defienden un sistema fuerte de protección, que permita al empresario y al creador recuperar y obtener rentabilidad sobre su inversión en tiempo y creatividad, y por otro, están quienes sostienen que tales prerrogativas deben ser limitadas o incluso eliminadas, en beneficio de la humanidad[38].

Actualmente siguen ganando el pulso quienes defienden un sistema fuerte de protección a la propiedad intelectual. Es más, el período comprendido entre 1980 hasta la actualidad ha sido conocido como la edad de oro de los derechos de propiedad intelectual y la frase "*Anything under the sun that is made by man is patentable*"[39] se ha hecho popular entre los especialistas en el tema, siendo trasladada desde el campo de las patentes a las demás áreas de la propiedad intelectual: cualquier cosa que haya sido elaborada por el hombre y se encuentre bajo el sol puede ser apropiada a la luz del derecho de autor, marcario, diseño industrial, etc.

En el campo de las patentes, por ejemplo, la normativa comunitaria andina pasó de contar con una lista amplia de invenciones que no eran patentables antes de la década de los 80, como los

---

38 Karl Mutter nos recuerda que esta discusión es contemporánea cuando dice que no nos debe sorprender que "Las sustancias químicas no eran patentables hasta 1967 en Alemania, 1968 en los países nórdicos, 1976 en Japón, 1978 en Suiza y 1992 en España. Así mismo, los productos farmacéuticos se consideraban no patentables hasta 1967 en Francia, 1979 en Italia y 1990 en Canadá". Mutter, Karl. "Propiedad intelectual y desarrollo en Colombia." *Estudios Socio-Jurídicos,* Bogotá (Colombia), 8(2): 85-101, julio-diciembre de 2006.

39 Cualquier cosa que esté bajo el cielo y sea fabricada por humanos es patentable. Esta frase fue pronunciada por primera vez en Estados Unidos en uno de los fallos más famosos del Derecho de Patentes en ese país: *Diamond v. Chakrabarty, 447 U. S. 303 (1980).*

medicamentos[40], a una etapa intermedia en la que la lista se redujo a los medicamentos esenciales (destacados como tales por la Organización Mundial de la Salud (OMS)[41]), para finalizar con la posibilidad de patentar todo tipo de medicamentos[42].

En el derecho de marcas se pasó de proteger únicamente marcas de productos, a incluir las marcas de servicios. También se amplió la protección sobre las marcas con criterios como la "conexidad competitiva", que permite impedir el registro de marcas para productos o servicios diferentes a los identificados por el titular de una marca registrada, siempre que dichos productos o servicios cumplan la misma finalidad, sean complementarios o estén razonablemente relacionados[43].

En el derecho de autor, además de ampliar el catálogo de obras protegidas hacia figuras como el *software*, en varios países se ha aumentado el tiempo de protección; por ejemplo, en Estados Unidos se amplió veinte años en 1998 mediante la Sonny Bono *Copyright Term Extension Act*[44] y, en Colombia, el término de protec-

---

40 Véase el artículo 5 de la Decisión 85 de 1978.

41 Véase el artículo 7 de la Decisión 311 de 1993, el artículo 7 de la Decisión 313 de 1993 y el artículo 7 de la Decisión 344 de 1993.

42 Véase el artículo 20 de la Decisión 486 del 2000, en el que los medicamentos no están incluidos entre los elementos no patentables.

43 Véase el proceso 100-IP-2018, a través del cual el Tribunal de Justicia de la Comunidad Andina adoptó una postura particular en relación con la conexión entre productos y/o servicios de la Clasificación Internacional de Niza. En este proceso se estableció que "*los criterios de sustituibilidad (intercambiabilidad), complementariedad y razonabilidad acreditan por sí mismos la existencia de relación, vinculación o conexión entre productos y/o servicios*". Además, se destacó que ciertos criterios, como pertenecer a la misma clase o compartir canales de distribución, eran considerados insuficientes para establecer la conexión competitiva entre dos marcas.

44 El artículo 2 de la Copyright Term Extension Act de 1998 modificó los términos de protección establecidos en la Copyright Act de 1976 y los aumentó 20 años para todo tipo de obras cuya vigencia se mantuviera en ese momento. Para algunos, la influencia de Disney resultó en una con-

ción en favor de las personas jurídicas se aumentó en veinte años mediante la Ley 1915 de 2018[45].

No obstante lo anterior, algunos vaticinan que la historia se mueve como un péndulo y que quienes están hoy a un lado, mañana estarán al otro. Basta con mirar el pasado. Hasta hace pocas décadas estaba de moda el tema de la libre competencia y era muy difícil obtener el reconocimiento de una patente porque a estas figuras de la propiedad intelectual se les consideraba anticompetitivas. Para no ir muy lejos, en Estados Unidos del año 1941, más de 100 procesos se resolvieron en el sentido de que las compañías debían licenciar sus invenciones a todos los interesados que lo requirieran, ya fuera con regalías razonables fijas o sin ninguna regalía, por razones de mercado[46].

Y es que la historia del sistema de patentes en Estados Unidos ha experimentado fluctuaciones a lo largo del tiempo que reflejan diferentes enfoques y políticas en relación con la protección de la propiedad intelectual y la promoción de la innovación[47]:

---

cesión retroactiva injusta de otros 20 años para miles de obras protegidas por derechos de autor que habrían pasado al dominio público en 1998 si no hubiera sido por el patrocinio de la CTEA por parte de Disney. Kamboj, N. (2018). Disney's Influence on the Enactment of the Copyright Term Extension Act ("CTEA"), as well as the CTEA's Retrospective and Prospective Impact (Master's thesis, Harvard Extension School).

45 El artículo 4 de la Ley 1915 de 2018 establece que cuando una obra literaria o artística tenga por titular del derecho de autor a una persona jurídica, el plazo de protección será de 70 años.

46 Apuntes de clase. Profesor Karl Jorda. Materia: Patent and Trademark Licensing en Franklin Pierce Law Center, NH, USA. 2004.

47 Khan, B., Zorina, and Kenneth L. Sokoloff. (2001). "The Early Development of Intellectual Property Institutions in the United States." *Journal of Economic Perspectives,* 15(3), 233-246. DOI: 10.1257/jep.15.3.233

Tabla 7. Cambios en las políticas de propiedad intelectual de Estados Unidos

Ciclos de expansión y restricción de derechos de patente	*Cambios en la duración y alcance de las patentes*	*Enfoques sobre lo que se considera patentable*	*Debates sobre el equilibrio entre incentivos a la innovación y el acceso a la información*
A lo largo de la historia de Estados Unidos, se han alternado períodos de amplia concesión de derechos de patente, destinados a fomentar la innovación y el desarrollo económico, con momentos en los que se han impuesto restricciones o cambios en el sistema debido a preocupaciones sobre monopolios, abuso de patentes o barreras a la competencia.	En la historia de Estados Unidos, se han aplicado cambios en la duración y la cobertura de las patentes. En algunos periodos, se han extendido los plazos de protección, mientras que en otros se han restringido los tipos de invenciones elegibles para la patentabilidad.	La definición de lo que puede ser patentado ha cambiado con el tiempo.	En la historia de las patentes en EE. UU., se ha debatido cómo equilibrar los incentivos a la innovación con el acceso a la información y el dominio público.
Durante la Revolución Industrial en el siglo XIX, Estados Unidos promovió la protección de patentes para impulsar la innovación y el desarrollo económico. La Ley de Patentes de 1836 aumentó la cantidad de patentes otorgadas y amplió su duración.	En 1995 Estados Unidos aprobó la Ley de Armonización de Patentes, que aumentó la duración de las patentes de 17 a 20 años desde la fecha de presentación de la solicitud. Esta extensión buscaba alinear el sistema de patentes con otros países y brindar más tiempo de protección a los inventores.	En la década de 1990, la Oficina de Patentes y Marcas de Estados Unidos (USPTO) comenzó a otorgar patentes para software y métodos de negocio, lo que condujo a un aumento significativo en las solicitudes de patentes en estas áreas.	Existen controversias sobre la duración y alcance de las patentes para medicamentos. Algunos argumentan que las patentes prolongadas pueden limitar el acceso a medicamentos asequibles, especialmente en países en desarrollo.

A fines del siglo XIX y principios del XX, hubo preocupaciones sobre el abuso de patentes y la formación de monopolios. En 1890, se promulgó la Ley Sherman Antimonopolio para combatir prácticas anticompetitivas, lo que tuvo un impacto en las patentes.		En la década de 2010, surgieron debates sobre la patentabilidad de ciertas invenciones, como el software y los genes. La Corte Suprema de Estados Unidos emitió varias decisiones que limitaron la patentabilidad de ciertos métodos de negocio y secuencias de ADN aisladas[48].	El movimiento de software de código abierto ha cuestionado el sistema de patentes, argumentando que puede inhibir la colaboración y el intercambio de conocimientos en la comunidad de desarrolladores de software.

Fuente: Elaboración propia

48 En Alice Corp. v. CLS Bank International (2014) la Corte Suprema de Estados Unidos determinó que los sistemas y métodos de Alice Corp. eran esencialmente abstractos y que la implementación de estos métodos en un entorno de computadora no era suficiente para hacer que la invención fuera patentable. En Association for Molecular Pathology v. Myriad Genetics (2013) la Corte Suprema determinó que las secuencias de ADN aisladas no son patentables simplemente porque han sido aisladas de su entorno natural.

Similar situación sucedió en relación con la protección al derecho de autor. Pese a que Estados Unidos actualmente es reconocido como un referente en temas de "*enforcement*" de derechos de propiedad intelectual y ha exigido a sus aliados comerciales el respeto riguroso de estas normas a través de Acuerdos de Promoción y Protección Recíproca de Inversiones (APPRI), Tratados Bilaterales de Inversión (TBI) y Tratados de Libre Comercio (TLC), en una etapa temprana éste país fue un defensor de la propiedad intelectual de sus nacionales, pero un infractor de los autores extranjeros[49].

El caso más representativo de esta situación fue el de Charles Dickens[50], autor inglés que vio cómo las normas de los Estados Unidos permitían la reproducción y distribución de sus textos, sin el pago de regalía alguna. El fundamento de esta situación se dividió en dos: (i) de una parte, fomentar la educación de sus nacionales, al permitir la reducción de los costos de transacción que implica el pago de regalías por la explotación de textos protegidos por la propiedad intelectual y, de otra parte, (ii) la protección de la propiedad intelectual en favor de los autores nacionales, quienes sí pudieron obtener una protección y ser remunerados por el

---

49 "... la Constitución de los Estados Unidos de América consagró como una de las principales finalidades de su Congreso: *"Promover el progreso de la ciencia y las artes útiles, otorgando por tiempo limitado a autores e inventores el derecho exclusivo a sus respectivos escritos y descubrimientos."* (el resaltado y la traducción son nuestras). Esta visión del derecho de autor como un medio de los estados de tradición jurídica anglosajona para lograr el acceso a la cultura de sus ciudadanos, se dio en el marco de <<*posturas políticas comerciales e industriales intervencionistas para promover sus industrias nacientes y alcanzar las economías de primera línea*>> Chang, H.-J. (2003). Kicking away the ladder: Development strategy in historical perspective. Anthem Press. Sarmiento, C. (2024). Propiedad intelectual: Aspectos contractuales de los derechos patrimoniales de autor. Tirant lo Blanch.

50 Véase: Hoeren, T. (sin fecha). "Charles Dickens and the international copyright law." *Journal Copyright Society of the U.S.A.*, p. 341-352.

uso de sus obras. Esto permitió el desarrollo cultural y educativo de los Estados Unidos en desmedro de los autores extranjeros. Ese país decidió hacerse parte de instrumentos Internacionales de protección al derecho de autor como el Convenio de Berna en 1989 y el acuerdo sobre los ADPIC en 1994.

Lo anterior explica por qué los países en vías de desarrollo resienten el fortalecimiento de la exigencia de respeto por las normas sobre propiedad intelectual que promocionan hoy los países más ricos[51] y advierten que muchos de ellos aplican una política denominada "*Do as we say, not as we did*"[52]. Tal expresión hace alusión a que Estados Unidos, mientras fue una colonia agrícola de Inglaterra e incluso hasta la segunda mitad del siglo pasado, no se interesó en lo absoluto por proteger los derechos de propiedad intelectual. Por el contrario, el tránsito de una sociedad agrícola a una sociedad industrial se hizo gracias a la copia sin pagar regalías de la maquinaria que se usaba en Inglaterra y que llevaron varios inmigrantes ingleses al Nuevo Mundo.

La historia, que por demás está muy bien contada en un artículo publicado por Miltchell Wilson titulado *The First Successful Factory*[53], sostiene que la primera fábrica que existió en Estados Unidos nació de la copia no autorizada que hizo un joven mecánico inglés

---

51 "Sin embargo, en las negociaciones del GATT, representantes de países ricos, especialmente Estados Unidos, han insistido en fortalecer los derechos de propiedad intelectual. Sin duda, no hay mejor indicación de que la propiedad intelectual es principalmente valiosa para aquellos que ya son poderosos y ricos". Drahos, Peter. (1995). "Global property rights in information: the story of TRIPS at the GATT." *Prometheus*, 13(1), 6-19. Nótese que el GATT (Acuerdo General sobre Aranceles Aduaneros y Comercio) fue remplazado en 1995 por la Organización Mundial del Comercio (OMC).

52 Esta frase se puede traducir así: Repite lo que digo, no lo que yo hago. Algo así como aquel refrán en español que dice "el cura predica, pero no aplica".

53 Dinwoodie Graeme, Hennessey William, Perlmutter Shira. *International Intellectual Property Law and Policy. Casebook series.* Lexis Nexis, N.Y. 2001. p. 505

llamado Slater de las máquinas con que trabajaba en su país natal. El individuo emigró a los Estados Unidos atraído por un aviso que leyó en el periódico local donde el estado americano de Pensilvania solicitaba mano de obra calificada para el nuevo mundo. Por esa época publicar avisos en periódicos ingleses era una de las estrategias que habían intentado los americanos ante los repetidos fracasos para fabricar maquinaria eficiente y ante la negativa de los ingleses el venderles el *know how*. La astucia del joven inmigrante Slater consistió en reproducir en América las máquinas con que trabajaba en Inglaterra y dividir las tareas en tantas partes como fuera posible, hasta el punto en que incluso un niño pudiera manejar la maquinaria (es sabido que la mayor parte de los trabajadores de Slater fueron niños entre los 4 y los 10 años)[54].

Lo anterior es simplemente anecdótico y su cita solo se hace con la intención de poner los hechos históricos en un contexto ¿Qué factores influyeron en la creación de un sistema de propiedad intelectual como el que existe hoy? ¿Cómo llegamos a esta situación de querer patentarlo todo?[55] La respuesta es compleja. El auge de la propiedad intelectual en el mundo moderno tiene varios antecedentes, entre los que se puede mencionar la publicidad, el factor lingüístico y el lobby.

Mencionamos la publicidad porque el crecimiento de los medios masivos de comunicación después de la primera Guerra Mundial llevó a los empresarios a interesarse cada vez más por distinguir sus productos y servicios de los de la competencia, ideando nuevas marcas y empaques que hicieran sus productos más atractivos que los de la competencia.

---

54 Ibíd.

55 Kay, John. "Intellectual Property Protection: What Role in the 20th Century History of Innovation?" En www.adb.org/Documents/Conference/Technology_Poverty_AP/adb12.pdf. Recuperado el 25 de enero de 2008.

El factor lingüístico también cuenta[56]. Los sicólogos sostienen que el nombre que se les da a las cosas es uno de los elementos decisivos en su percepción. Hasta mediados del siglo XIX todo lo que se conoce hoy como propiedad intelectual se asimilaba a un "monopolio", una expresión que es sinónimo de acaparamiento o ejercicio exclusivo y que resulta antipática para muchos. Thomas Jefferson, ex presidente de los Estados Unidos, fue uno de los más famosos detractores de la propiedad intelectual pues sostenía que ella daba lugar a la creación de monopolios, que solo beneficiaban a una porción mínima de la población y no a su mayoría[57]. Hoy día casi nadie habla de monopolios sino de un nuevo derecho de propiedad, llamado "propiedad intelectual", que *prima facie* no crea resistencia, al contrario, alude a sofisticación y se beneficia de ser considerado como un tipo de propiedad privada, la cual es protegida como un derecho humano, cuya necesidad, entre otras, se deriva de la llamada tragedia de los comunes[58].

---

56 El término "propiedad intelectual" tiene valor retórico. "Su uso, especialmente por parte de un supuesto propietario, es un poderoso incentivo para cambiar la posición en un debate de política. Una cosa acusar a alguien de infringir derechos de autor y otra acusarlo de robo de propiedad. Lo primero suena como una cuestión técnicamente solucionable desde el punto de vista legal; lo segundo suena como un acto inequívocamente pecaminoso". Chopra Samir. "End intellectual property". Copyrights, patents and trademarks are all important, but the term 'intellectual property' is nonsensical and pernicious. Aeon https://aeon.co/essays/the-idea-of-intellectual-property-is-nonsensical-and-pernicious. 2018

57 Mossoff, Adam. Who Cares What Thomas Jefferson Thought about Patents–Reevaluating the Patent Privilege in Historical Context, 92 Cornell L. Rev. 953 (2007) Disponible en: http://scholarship.law.cornell.edu/clr/vol92/iss5/2. Recuperado en Agosto 2022.

58 La tesis principal de "La tragedia de los comunes", es que cuando los recursos son compartidos y de acceso libre, los individuos tienden a actuar en su propio interés, lo que conduce a la sobreexplotación y la degradación de los recursos. Su autor, Hardin, argumenta que la solución a este problema radica en la regulación y la gestión cuidadosa de los recursos

Finalmente, en cuanto al poder económico, podemos ver cómo los defensores de la propiedad intelectual –laboratorios farmacéuticos, compañías de software e industrias de entretenimiento– cada vez tienen más influencia, lo cual les permite hacer *lobby* ante las autoridades y los medios de comunicación[59]. En cambio, la gente del común que se beneficiaría con una protección más reducida de la propiedad intelectual (toda vez que habría más difusión del conocimiento), tiende a ser una fuerza difusa porque, aun cuando es un grupo mayor en cantidad, no está tan organizado[60]. En estos casos la unión –de la gente del común– difícilmente hace la fuerza.

¿Qué sigue en esta polémica? Algunos proponen el equilibrio. Kozinski, un juez californiano célebre por la forma amena como

---

compartidos, ya sea a través de la propiedad privada, la regulación gubernamental u otros medios que limiten la explotación excesiva. Hardin, G. (1968). "The Tragedy of the Commons." *Science*, 162, 1243-1248.

59 "Es mucho lo que está en juego para los grandes grupos de poder económico. Los tres sectores que tienen mayor peso en las exportaciones de EE.UU. dependen de la propiedad intelectual: la industria del software, la industria del entretenimiento y las industrias biotecnológicas (farmacéutica e ingeniería genética)". Stallman, Richard. (2004). *Software libre para una sociedad libre.* Madrid: Traficantes de Sueños, p. 22.

60 La Copyright Term Extension Act (CTEA) de 1998 – también conocida como Sonny Bono Copyright Term Extension Act o Sonny Bono Act y, peyorativamente, como la «Mickey Mouse Protection Act», extendió los plazos de protección al derecho de autor en los Estados Unidos. Antes de la Ley Bono, la duración estándar de los derechos de autor era de vida del autor más 50 años. Sin embargo, esta ley amplió esta duración a la vida del autor más 70 años o 95 años desde la publicación para obras corporativas. Esta ley fue impulsada por la industria del entretenimiento, especialmente por The Walt Disney Company, para mantener la protección de sus personajes y obras por un período más largo. Devarapalli, Pratap. "Last Days of Disney's Rights on Mickey Mouse: Isn't the Term of Copyright too Long?" *American Bar Association's Landslide Magazine*, Vol. 15, No. 4, 27 June 2023. https://www.americanbar.org/groups/intellectual_property_law/publications/landslide/2022-23/june-july/last-days-disneys. Disponible en SSRN: https://ssrn.com/abstract=4431391

redacta sus fallos, se refirió a la necesidad de buscar mesura o armonía en cuanto a la protección de la propiedad intelectual, así:

> "Sobreproteger la propiedad intelectual es tan nocivo como no protegerla. La creatividad es imposible sin información que se encuentre en el dominio público. Nada, literalmente nada desde que descubrimos el fuego, es genuinamente nuevo: la cultura, como la ciencia y la tecnología, se produce gracias al trabajo de los otros. La sobreprotección entonces ahoga las fuerzas creativas que se supone protege"[61].

La Corte Constitucional de Colombia tiene un pensamiento similar al de Kozinski y ha insistido en que las leyes en materia de propiedad intelectual parten de una filosofía humanista, cultural e integracionista, que permite establecer limitaciones que no tiene la propiedad común[62]. Recientemente este tribunal haciendo referencia a la constitucionalidad de la Ley 2090 de 2021 "*por medio de la cual se aprueba el Tratado de Marrakech para facilitar el acceso a las obras publicadas a las personas ciegas, con discapacidad visual o con otras dificultades para acceder al texto impreso*", del 2013 señaló:

> "[L]a regulación de los derechos de autor debe buscar un equilibrio entre los derechos de los creadores de las obras y el interés de la sociedad de acceder a las mismas, razón por la que se admiten limitaciones y excepciones a los derechos de autor que buscan permitir que la sociedad, bajo ciertas condiciones, pueda beneficiarse del uso de una obra, sin que se requiera la autorización de su autor".

---

61 Estados Unidos, *White v. Samsung Electronics América, Inc.* U.S. 951, 113 S. Ct. 2443, 124 L. Ed. 2 Ed. 660 (1993). Salvamento de voto del juez Alex Kozinski.

62 Colombia, Corte Constitucional. Sentencia C-334 de 1993". Magistrado Ponente: Alejandro Martínez Caballero.

4. PRINCIPALES NORMAS INTERNACIONALES Y COMUNITARIAS ANDINAS RELACIONADAS CON LA PROPIEDAD INTELECTUAL

Como insumo para adentrarse en los pormenores del sistema internacional de protección a la propiedad intelectual, en este apartado enunciamos las principales normas que rigen la materia. En primer lugar están las disposiciones de carácter supranacional dedicadas a proteger la propiedad intelectual aplicables en Colombia:

Tabla 8: Regulaciones internacionales sobre propiedad intelectual

- **Convenio de París para la Protección de la Propiedad Industrial** adoptado originalmente el 20 de marzo de 1883 en París, Francia. Regula principios básicos de protección, buscando la reciprocidad de los firmantes en materias tales como los signos distintivos, las patentes, los diseños y modelos industriales, y la proscripción de la competencia desleal. Desde 1883 ha sido objeto de varias revisiones y enmiendas a lo largo de los años. La última versión actualizada del Convenio de París es conocida como el "Acta de Estocolmo" y fue adoptada el 14 de julio de 1967.
- **Convenio de Berna para la Protección de las Obras Literarias y Artísticas** de 1886. Al igual que el Convenio de Berna establece normas básicas de protección para los derechos de autor y su reconocimiento recíproco entre los países firmantes. Se caracteriza por establecer un sistema internacional de protección para el derecho de autor, estableciendo la obligación de otorgar un trato nacional a los autores extranjeros, sometido al principio de la reciprocidad, además de consagrar mínimos para la protección que debe otorgar pada miembro de este Convenio.
- **Sistema de Madrid para el Registro Internacional de Marcas**, contenido en el Arreglo de Madrid de 1891 y el protocolo concerniente a ese acuerdo de 1989.
- **Convenio de Niza de 1957.** Clasificación Internacional de Niza, doceava edición, 2024 contenida en el Arreglo de Niza.
- **Convención de Roma de 1961.** Se consagró como el primer instrumento internacional para los titulares de derechos conexos, a saber, los productores de fonogramas, organismos de radiodifusión, y los artistas intérpretes y/o ejecutantes.
- **Convenio de Locarno de 1968.** Clasificación internacional para los dibujos y modelos industriales, 1968, edición 14 de 2023.

- **Tratado de Cooperación en materia de Patentes (PCT)** de 1970: Es un tratado administrado por la OMPI que facilita la presentación y búsqueda de patentes a nivel internacional. Permite a los solicitantes presentar una única solicitud de patente en múltiples países miembros.
- **Convenio de Estrasburgo de 1971.** Clasificación internacional de patentes, versión CIP de enero de 2024.
- **Convenio de Viena de 1973.** Clasificación internacional de elementos figurativos de las marcas, novena edición de 2023.
- **Tratado de Washington sobre la propiedad intelectual respecto de los Circuitos Integrados (IPIC)** de 1989.
- **Decisión 291 de 1991.** Régimen Común de Tratamiento a los Capitales Extranjeros y sobre Marcas, Patentes, Licencias y Regalías.
- **Decisión 351 de 1993.** Régimen común de la Comunidad Andina sobre Derecho de Autor y Derechos Conexos.
- **Decisión 345 de 1993 y 366 de 1994.** Régimen de Protección de los Derechos de los Obtentores Vegetales.
- **Acuerdo sobre los Aspectos de los Derechos de Propiedad Intelectual relacionados con el Comercio (ADPIC)** de 1994: Se trata del Anexo 1C del tratado que creó la Organización Mundial del Comercio (OMC) en 1994, que establecen estándares mínimos para la protección de los derechos de propiedad intelectual, incluyendo patentes, derechos de autor, marcas registradas, diseños industriales, etc. La mayoría de los países miembros de la OMC están obligados a cumplir con las disposiciones del ADPIC en igualdad de condiciones, salvo algunas excepciones expresas realizadas en favor de los países "menos desarrollados".

  Cabe precisar que este acuerdo, más que adoptar un conjunto de normas especiales, se concentró en la unificación de los principales instrumentos que regulan la propiedad intelectual a nivel mundial, mediante la obligación de cumplir las disposiciones contenidas en los principales tratados en materias como el derecho de autor, los derechos conexos y la propiedad industrial.
- **Tratado de la OMPI sobre Derecho de Autor (WCT) y Tratado de la OMPI sobre Interpretación o Ejecución y Fonogramas (WPPT)** de 1996: Estos tratados complementan el Convenio de Berna y la Convención de Roma y establecen normas para la protección de los derechos de autor y derechos conexos en el ámbito digital, incluyendo la protección de obras en línea, derechos de los artistas intérpretes o ejecutantes y derechos de los productores de fonogramas.

- **Decisión 391 de 1996, 423 de 1997 y 448 de 1998.** Régimen Común sobre Acceso a los Recursos Genéticos.
- **Decisión 486 de 2000.** Régimen común de la Comunidad Andina sobre Propiedad Industrial.
- **Decisión 876 de 2021.** Régimen Común sobre Marca País.

Fuente: Elaboración propia

Ante este listado es necesario resaltar varios temas. Primero, el papel de la OMPI como un organismo especializado de las Naciones Unidas encargado de promover la protección de la propiedad intelectual a nivel internacional. Creada en 1967 y con su sede en Ginebra, Suiza, la OMPI es el organismo encargado de administrar los más importantes tratados internacionales relacionados con la materia como el Convenio de Berna para la Protección de las Obras Literarias y Artísticas y el Convenio de París para la Protección de la Propiedad Industrial, además de tratados internacionales recientes sobre las distintas materias de la propiedad intelectual, como el mencionado Tratado de Marrakech para facilitar el acceso a las obras publicadas a las personas ciegas, con discapacidad visual o con otras dificultades para acceder al texto impreso, de 2013.

Segundo, la aplicación de los principios de preeminencia, complemento indispensable, efecto directo y aplicación inmediata al ordenamiento jurídico de la Comunidad Andina. Por el principio de preeminencia, la normativa comunitaria prevalece sobre las normas nacionales de cada uno de los países miembros. "Como consecuencia de ello, en los casos de incompatibilidad entre una norma comunitaria y una norma nacional, se deberá preferir la primera. Cabe indicar que ello no implica que la norma nacional deba ser derogada, sino que basta que sea inaplicada o suspendida por el país miembro que corresponda"[63]. Así, si algún país

[63] Tribunal de Justicia de la Comunidad Andina. 607-IP-2018.

dejara de ser miembro de la Comunidad Andina o si determinada materia regulada por la Comunidad Andina dejara de estarlo, la normativa nacional podría ser aplicada.

El principio de complemento indispensable consiste en la facultad que tienen los países miembros de la Comunidad Andina para regular temas que no han sido abordados por la normativa comunitaria andina, buscando lograr su correcta aplicación. Por ejemplo, en materia de propiedad industrial el artículo 276 de la Decisión 486 establece que los asuntos sobre propiedad industrial no comprendidos en dicha decisión, serán regulados por el derecho interno de cada uno de los países miembros[64].

El principio de aplicación inmediata se encuentra previsto en el Artículo 3 del Tratado de Creación del Tribunal de Justicia de la Comunidad Andina e implica que la norma comunitaria "adquiere automáticamente de por sí, estatuto de derecho positivo en el orden interno de los Estados a que va dirigida...y genera en todo juez nacional la obligación de aplicarla[65].

El principio sobre el efecto directo indica que "desde la fecha de aprobación de las Decisiones del Consejo Andino de Ministros de Relaciones Exteriores o de la Comisión de la Comunidad Andina, los ciudadanos de los países miembros se encuentran facultados a exigir el cumplimiento de la normativa comunitaria promoviendo las acciones que corresponda ante los tribunales competentes"[66].

---

64 Véase: Tribunal de Justicia de la Comunidad Andina. "Proceso 47-IP-2015."

65 Tribunal de Justicia de la Comunidad Andina. 607-IP-2018, 3-AI-1996, 29-IP-1995, 30-IP-1995, 32-IP-1995, 2-IP-1990 y 2-N-1986.

66 Tribunal de Justicia de la comunidad Andina. 607-IP-2018, 3-AI-1996, 29-IP-1995, 30-IP-1995, 32-IP-1995 y 2-N-1986.

5. PROTECCIÓN A LA PROPIEDAD INTELECTUAL EN COLOMBIA

Específicamente en lo que toca con el derecho nacional el sistema de propiedad intelectual está regulado por las siguientes normas:

Tabla 9. Normas sobre propiedad intelectual en Colombia

Principales disposiciones constitucionales:
• Constitución Política de Colombia, artículos 58, 61, 150 y 189.

Sobre derecho de autor:
• **Ley 1955 de 2019**, por medio de la cual se modificó el artículo 183 de la Ley 23 de 1982, en relación con la regulación sobre los acuerdos para la licencia y transferencia de los derechos patrimoniales de autor.
• **Ley 1915 de 2018** "por la cual se modifica la ley 23 de 1982 y se establecen otras disposiciones en materia de derecho de autor y derechos conexos".
• **Ley 1834 de 2017** "por medio de la cual se fomenta la economía creativa ley naranja".
• **Ley 1835 de 2017** "por la cual se modifica el artículo 98 de la ley 23 de 1982 "sobre derechos de autor", se establece una remuneración por comunicación pública a los autores de obras cinematográficas o "ley Pepe Sánchez".
• **Ley 1801 de 2016** por la cual se expide el código nacional de policía y convivencia.
• **Ley 1680 de 2013**, "por la cual se garantiza a las personas ciegas y con baja visión el acceso a la información, a las comunicaciones, al conocimiento y a las tecnologías de la información y las comunicaciones".
• **Ley 1519 de 2012**, "por medio de la cual se aprueba el "convenio sobre la distribución de señales portadoras de programas transmitidas por satélite" hecho en Bruselas el 21 de mayo de 1974".

- **Ley 1493 de 2011**, "por la cual se toman medidas para formalizar el sector del espectáculo público de las artes escénicas, se otorgan competencias de inspección, vigilancia y control sobre las sociedades de gestión colectiva y se dictan otras disposiciones".
- **Ley 1450 de 2011**, por medio de la cual se modificó el artículo 20 de la Ley 23 de 1982.
- **Ley 1403 de 2010**, "por la cual se adiciona la ley 23 de 1982, sobre derechos de autor, se establece una remuneración por comunicación pública a los artistas intérpretes o ejecutantes de obras y grabaciones audiovisuales o ley Fanny Mikey".
- **Ley 603 de 2000** "por la cual se modifica el artículo 47 de la ley 222 de 1.995".
- **Ley 599 de 2000** "por la cual se expide el código penal (artículos 257, 270, 271 y 272)".
- **Ley 565 de 2000** "Por medio de la cual se aprueba el "Tratado de la OMPI –Organización Mundial de la Propiedad Intelectual– sobre Derechos de Autor (WCT)".
- **Ley 232 de 1995** "por medio de la cual se dictan normas para el funcionamiento de los establecimientos comerciales".
- **Ley 44 de 1993** "por la cual se modifica y adiciona la ley 23 de 1982 y se modifica la ley 29 de 1944".
- **Ley 23 de 1992** por medio de la cual se aprueba el convenio para la protección de productores de fonogramas contra la reproducción no autorizada de sus fonogramas.
- **Ley 23 de 1982** conocida como la ley de derechos de autor.
- **Ley 57 de 1887**, Código Civil Colombiano.

Sobre propiedad industrial:

- **Ley 603 de 2000** por la cual se modifica el artículo 47 de la ley 222 de 1995.
- **Ley 599 de 2000**, por la cual se expide el Código Penal.

- **Ley 463 de 1998**, por medio de la cual se aprueba el "Tratado de cooperación en materia de patentes (PCT)", elaborado en Washington el 19 de junio de 1970, enmendado el 28 de septiembre de 1979 y modificado el 3 de febrero de 1984 y el reglamento del tratado de cooperación en materia de patentes.
- **Ley 178 de 1994**, Por medio de la cual se aprueba el "Convenio de París para la Protección de la Propiedad Industrial", hecho en París el 20 de marzo de 1883, revisado en Bruselas el 14 de diciembre de 1900, en Washington el 2 de junio de 1911, en la Haya el 6 de noviembre de 1925, en Londres el 2 de junio de 1934, en Lisboa el 31 de octubre de 1958, en Estocolmo el 14 de julio de 1967 y enmendado el 2 de octubre de 1979
- **Ley 172 de 1994**, por medio del cual se aprueba el Tratado de Libre Comercio entre los Gobiernos de los Estados Unidos Mexicanos, la República de Colombia y la República de Venezuela, suscrito el 13 de junio de 1994.
- **Ley 170 de 1994**, por medio de la cual se aprueba el Acuerdo por el que se establece la "Organización Mundial de Comercio (OMC)".
- **Decreto 410 de 1971**, por medio del cual se expidió el Código de Comercio.

Fuente: Elaboración propia.

Estas normas operan en el marco de un Sistema Administrativo Nacional de Propiedad Intelectual (creado por el Decreto 1162 de 2010) que coordina la Comisión Intersectorial de Propiedad Intelectual, entidad que debe seguir los lineamientos dispuestos por la Política Nacional de Propiedad Intelectual que fue diseñada por el Departamento Nacional de Planeación y se encuentra contenida en el Documento CONPES 4062 de 2021.

Vale la pena resaltar que Colombia ha sido seleccionado como uno de los países "laboratorio" de la OMPI donde se ensayan varios proyectos novedosos como el Programa de Asistencia a Inventores (PAI) y los Centros de apoyo a la tecnología y la innovación (CATIS). El primero vincula a inventores de escasos recursos financieros con abogados de patentes que les prestan sus servicios de asistencia jurídica de forma gratuita y el segundo, los CATIs, son centros donde se brinda información y asesoramiento sobre cómo usar las herramientas de búsqueda de marcas y patentes, los requisitos para proteger una invención mediante patente de invención, modelo de utilidad, diseño industrial o esquema de trazado de circuitos integrados; cómo registrar marcas, lemas y demás signos distintivos y cuáles son los incentivos, ayudas o financiación que existen para la presentación de solicitudes de patentes y marcas[67].

En materia de derecho de autor, Colombia y América Latina también han sido el foco de diferentes estudios y propuestas en búsqueda de una correcta protección a los autores y demás titulares de derechos. En el año 2007 el Centro Regional para el Fomento de Libro en América Latina y el Caribe –CERLALC– publicó un "Diagnóstico del Derecho de Autor en América Latina", y en 2015 la Organización de las Naciones Unidas para la Educación, la Ciencia y la Cultura –UNESCO– lanzó la publicación "Re Pensar las Políticas Culturales". Ambas propuestas buscaron el mejoramiento de la protección al derecho de autor desde una perspectiva práctica, incluyendo desde luego el fomento del respeto a la propiedad intelectual.

---

67 https://www.sic.gov.co/propiedad-industrial/centros-de-apoyo

II. ¿Por qué cuestionarse sobre la conveniencia de la protección a la propiedad intelectual en la tercera década del siglo XXI?

El panorama actual de la PI está siendo transformado a una velocidad impresionante, debido al avance de la tecnología. En tiempos pasados solíamos admirar obras literarias o artísticas creadas por genios del arte, celebrar invenciones clásicas como el automóvil o entretenernos con la historia de las grandes marcas, provenientes de grandes emprendedores nacionales y extranjeros. Sin embargo, en la era actual hablamos de creaciones generadas sin intervención humana, gracias a algoritmos y programas de IA que, independientemente de los debates jurídicos sobre su regulación, son capaces de producir obras literarias, piezas musicales y creaciones visuales asombrosas.

Es más, hoy nos enfrentamos a cambios en la explotación de la propiedad intelectual en ambientes como el metaverso, adquirimos obras de arte digitales certificadas a través de los NFT (Tokens No Fungibles) y observamos cómo surgen negocios como el de los agregadores de noticias, los cuales se dedican a resumir y organizar obras publicadas por terceros en diversos medios, de acuerdo con los intereses de sus suscriptores.

Lo cierto es que el cambio a lo digital en el siglo XX permitió el acceso global a contenidos[1], pero también trajo desafíos como

---

1 El siglo XX experimentó un cambio radical en la tecnología, desde la imprenta hasta el internet. Pasamos de consumir contenido de manera pasiva a interactuar y modificarlo activamente, lo que culminó en la web 3.0. Esta etapa actual de la web va más allá de la simple interacción,

la piratería[2], los perfiles falsos en redes sociales y el uso indebido de nombres de dominio. Hoy presenciamos un desarrollo sin precedentes originado, entre otros, en la falta de control de los sistemas de internet, la llegada de tecnologías *peer to peer*[3], la irrupción de la inteligencia artificial, la biotecnología y la computación cuántica. Todo esto ha generado nuevas formas de creación, reproducción, comunicación y distribución de contenidos que plantean interrogantes sobre la eficacia y pertinencia de las normativas de propiedad intelectual. Un ejemplo de ello son los debates sobre si la protección rigurosa de la propiedad intelectual puede y/o debe limitar el acceso equitativo a la cultura[4] y el conocimiento, especialmente en áreas como la educación, la salud[5] y

---

con sistemas inteligentes que comprenden nuestras necesidades y ofrecen experiencias en línea altamente personalizadas y eficientes.

2 The Pirate Bay es un sitio web que permite a los usuarios compartir archivos peer-to-peer. Fue fundado en Suecia en 2003 y se ha enfrentado a numerosas controversias legales debido a que facilita la descarga de contenido protegido por derechos de autor, como películas, música, programas de televisión y software, de forma gratuita. A lo largo de los años ha sido bloqueado en varios países pero el sitio ha logrado mantenerse operativo y sigue siendo uno de los sitios más populares para descargar archivos. Traducción propia. Miller Jared. "Why The Pirate Bay Remains At Sea While Napster 1.0 Now Rests In DavyJones's Locker". Juniata College. Pennsylvania. 2018.

3 Al respecto: A&M Records, Inc. v. Napster, Inc., 239 F.3d 1004 (9th Cir. 2001).

4 En materia de derecho de autor, autores como Ricardo Antequera Parilli han precisado que el derecho a la cultura existe en la medida en que se proteja a los autores. Antequera Ricardo. *"El derecho de autor y el derecho a la cultura"*. En: "II Congreso Internacional sobre la protección de los derechos intelectuales (Del Autor, el Artista, y el Productor)". Organización Mundial de la Propiedad Intelectual. Lima, Perú. 1988.

5 "Las patentes elevan los costos, y las empresas que las ostentan suelen orientar sus esfuerzos a generar productos rentables; tienden a desarrollar curas a enfermedades rentables y no necesariamente a las prioritarias para la salud pública (...)". Romero Lina, "La excepción de investigación a la luz de la patente de CRISPR/CAS en Colombia y su posible

la investigación[6]. En este escenario otro actor importante son las plataformas en línea (ej. economía colaborativa), criptomonedas y tokens no fungibles, que han introducido nuevos modelos de monetización para sus creadores. Esto plantea la pregunta de si las leyes actuales son adecuadas para proteger a los creadores sin crear desequilibrios en su favor y en contra de la sociedad.

En síntesis, es esencial cuestionar la conveniencia de la protección de la propiedad intelectual en el siglo XXI para evaluar la eficacia de las normativas vigentes en un mundo en constante evolución. Este debate no solo afecta a creadores y titulares de derechos, sino a toda la sociedad y a nuestra interacción con la información y la creatividad en la era digital.

A continuación, profundizaremos en los principales desafíos que nos propone la tecnología en el siglo XXI, la inteligencia artificial, los casos de *evergreening*, los trols y los retos derivados de la pandemia COVID–19, entre otros.

---

manejo como un instrumento de investigación", Revista la Propiedad Inmaterial No. 29, p. 92.

6 "A menos que se concedan excepciones a bibliotecas y ciudadanos que les permitan un acceso razonable y un uso leal con fines que no perjudiquen los intereses de los titulares de derechos, y que sean de interés general y estén en consonancia con prácticas leales como la educación y la investigación, existe el peligro de que sólo aquellos que puedan sufragar el costo de la información estén en condiciones de aprovechar las ventajas de la sociedad de la información." Committee on Copyright and Other Legal Matters (CLM). "*Limitations and Exceptions to Copyright and Neighbouring Rights in the Digital Environment: An International Library Perspective*". Citado en: Spurgeon Paul. "*¿Autorizar o limitar? Utilización en línea con fines educativos: Alternativas para preservar los derechos exclusivos de los titulares del derecho de autor*". En: Unesco. Boletín de derecho de autor. Julio 2003. [Consultado el 7 de septiembre de 2023]. Disponible en: https://unesdoc.unesco.org/ark:/48223/pf0000139672_spa

1. LA INTELIGENCIA ARTIFICIAL

La inteligencia artificial (IA) ha transformado la manera en que interactuamos con el mundo que nos rodea. Diariamente nos enfrentamos a programas de computador capaces de redactar contratos[7], realizar investigaciones[8], diseñar estructuras arquitectónicas[9], diagnosticar enfermedades[10], e incluso crear obras de arte[11].

La IA se define como la capacidad que tienen las máquinas para realizar, de manera independiente, tareas que normalmente requerirían la intervención de la inteligencia humana. Algunas de sus aplicaciones son el *Machine Learning*, técnica que permite a los sistemas me-

---

7 Los *smart contracts* "son solo una parte de la tendencia más amplia de las tecnologías computarizadas que pretenden desplazar o reemplazar la toma humana de decisiones". Traducción propia. Werbach, Kevin, y Cornell, Nicolas. "Contracts Ex Machina". Duke Law Journal, vol. 67, 2017, p. 381.

8 Al respecto, se encuentran aplicativos como Elicit, que fungen como asistentes de investigación para hacer una revisión de literatura. Véase el sitio web elicit.org. [Consultado el 7 de septiembre de 2023]

9 Al respecto, se encuentran aplicativos como Deamcatcher, que actúan como asistentes para el diseño en CAD. Véase el sitio web https://www.research.autodesk.com/projects/project-dreamcatcher/. [Consultado el 7 de septiembre de 2023]

10 Véase Nguyen, Don. *"How AI Can Help Diagnose Rare Diseases"* Harvard Medical School. 18 de octubre de 2022. [Consultado el 7 de septiembre de 2023]. Disponible en: https://hms.harvard.edu/news/how-ai-can-help-diagnose-rare-diseases

11 "En 2016, casi 400 años después de la muerte de Rembrandt Harmenszoon van Rij, el famoso pintor holandés, se presentó al mundo un nuevo Rembrandt, o mejor dicho, el próximo Rembrandt. El objetivo del proyecto era digitalizar el método pictórico de Rembrandt, el pintor humano. Una vez que el programa "aprendiera" el estilo del pintor, crearía una obra de arte nueva, creativa, independiente y original del auténtico Rembrandt." Yanisky, Shlomit. "Generating Rembrandt: Artificial Intelligence, Copyright, and Accountability in the 3A Era—The Human-like Authors are Already Here- A New Model". Michigan State Law Review, vol. 2017, no. 3, 2017, p. 663.

jorar automáticamente sus conocimientos a través de la experiencia; la Visión por Computadora (*Computer Vision*) que es la capacidad de las máquinas para interpretar y analizar imágenes y videos en tiempo real; la Robótica, que la ciencia de diseñar y construir robots; y la IA generativa, recientemente conocida por aplicativos como ChatGPT (*Generative Pre–trained Transformer*), DALL–E–2 o Midjourney.

Gráfico 3. Aplicaciones de la IA

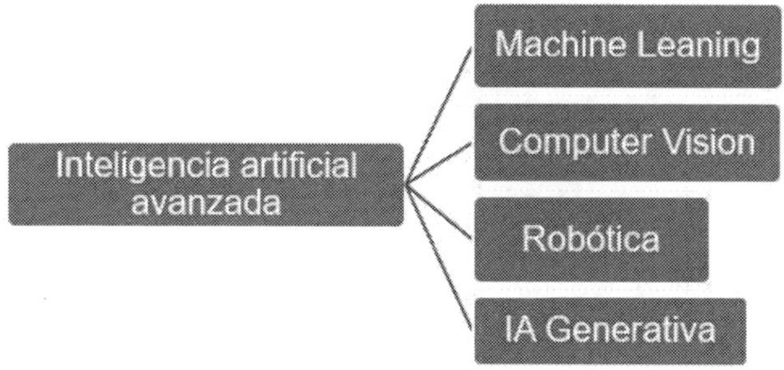

Fuente: Elaboración propia

El ChatGPT es un "gran modelo de lenguaje" (LLM por sus siglas en inglés)[12] desarrollado por la empresa OpenAI y basado en una tecnología de aprendizaje profundo (d*eep learning)* que le permite al computador absorber grandes cantidades de datos que existen en internet y, tras un proceso de "aprendizaje" de dicha información, generar inmediatamente respuestas a preguntas que se le formulan, redactar poemas, hacer traducciones, generar estrategias de mercadeo a la medida, diseñar juegos personalizados, e incluso generar programas de software con lenguajes como Python, JavaScript y otros. No obstante, existen otros aplicativos con funcionalidades similares como T5 (*Text–to–Text Transfer Transformer*) que fue desarrollado por Google Brain, BERT (*Bidirectional Encoder Re-*

---

12 Véase: Muehmel, Kurt. "*What Is a Large Language Model, the Tech Behind ChatGPT?*". Junio 7 de 2023. [Consultado el 10 de septiembre de 2023]. Disponible en: https://blog.dataiku.com/large-language-model-chatgpt

presentations from Transformers) desarrollado por Google y XLNet, de Google Brain y Carnegie Mellon University, por solo citar algunos.

Gráfico 4. Modelos de lenguaje basados en IA

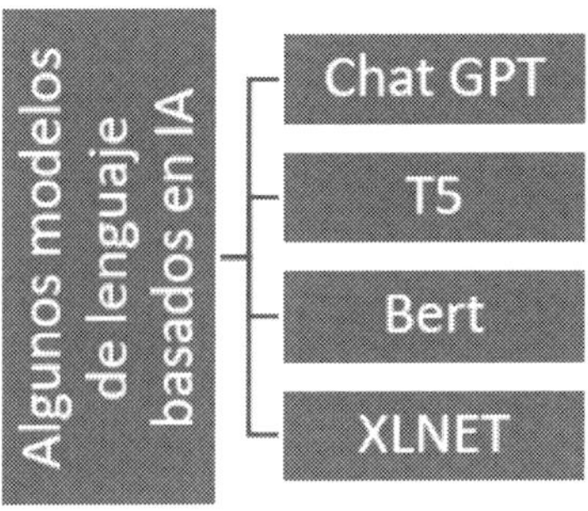

Fuente: Elaboración propia

Existen programas de IA que se utilizan para generar imágenes, videos, presentaciones y música. Nos referimos, por ejemplo, a *Deepfake*, que es una tecnología que utiliza la inteligencia artificial para sintetizar y a veces manipular videos existentes de manera realista, reemplazando caras y voces. También a *Adobe After Effects*, que es un software ampliamente utilizado en la industria del cine y la animación para la creación de efectos visuales y generación de contenido audiovisual de alta calidad y *Jukin Media*, empresa que utiliza algoritmos de inteligencia artificial para clasificar y analizar automáticamente grandes volúmenes de contenido de video generado por usuarios lo cual les permite crear compilaciones y presentaciones de videos. Finalmente tenemos *Amper Music*, que es una plataforma que utiliza algoritmos de IA para componer música original de forma automática para videos, presentaciones y otros proyectos, adaptando el estilo y la duración según las preferencias del usuario y *Magisto*, que es una herramienta basada en IA que permite a los usuarios crear presentaciones de video atractivas a partir de fotos y clips existentes.

Estas son tan solo algunas de las herramientas de IA disponibles para generar textos, videos, presentaciones, obras de arte y música, pero se espera que en un futuro cercano sean muchas más, porque se trata de una tecnología que está en constante evolución.

Se discute, incluso, qué tan legítimo es operar con los *inputs* o datos utilizados para entrenar los algoritmos que dan origen a los modelos de inteligencia artificial, toda vez que éstos (los datos), en muchas ocasiones, están protegidos en sí mismos por derechos de autor, lo que plantea la necesidad de determinar hasta qué punto se requiere la autorización de su propietario para su uso y si sería conveniente establecer excepciones o limitaciones que permitan prescindir de dicha autorización[13], en países como Colombia (sistema de tradición civil), o si este tipo de aspectos están cubiertos por la jurisprudencia, en países como Estados Unidos[14] (sistema de tradición del *common law*).

Hasta la titularidad de los "prompts" ha sido objeto de debate. Los "prompts" son las instrucciones, sugerencias o estímulos que se utilizan para generar respuestas creativas o ideas en diversos contextos, como la escritura, el arte o la resolución de problemas. En el contexto de la inteligencia artificial los "prompts" son las frases o preguntas que los usuarios escriben para solicitar una respuesta o generar un texto específico. La cuestión que se discute es si los "prompts" están protegidos por derecho de autor. En general, los "prompts" simples y genéricos, como "Escribe un cuento sobre un viaje espacial", probablemente no serían considerados

---

13 La Directiva (UE) 2019/790 sobre derechos de autor y derechos afines en el mercado único digital introdujo dos nuevas excepciones o limitaciones a determinados derechos de propiedad intelectual para permitir las actividades de minería de textos y datos.

14 En Estados Unidos se está discutiendo a nivel jurisprudencial si el uso de material contenido por la propiedad intelectual es un uso permitido *-fair use-* o si conlleva a la infracción del derecho de autor. Al respecto: Silverman, et al v. OpenAI Inc. United States District Court, Northern District of California. Case No. 3:2023cv03416, 2023. Y Getty Images (US), Inc. v. Stability AI, Inc. US District Court for the District of Delaware. Case No. 1:2023cv00135, 2023.

lo suficientemente originales o creativos como para calificar para la protección del derecho de autor. Sin embargo, "prompts" más específicos, complejos o creativos podrían considerarse originales y, por lo tanto, estar más cerca de cumplir con los requisitos de protección del derecho de autor como obras literarias.

Otra discusión se da con relación a la protección de los modelos de inteligencia artificial como tales. Nos referimos a la protección del *software* que contiene el modelo, a la posibilidad de cobijar las bases de datos mediante figuras como el derecho de autor o el secreto empresarial y, si es que el programa se pudiese caracterizar como una invención implementada a través de un computador (sobre esta discusión ahondaremos en los capítulos siguientes), a su protección mediante una patente de invención o modelo de utilidad.

Encontramos otro tipo de desafíos con los *outputs*, es decir, en los resultados que arroja el modelo de inteligencia artificial. Ellos pueden consistir en una simple decisión, más datos, o en una creación artística o literaria nueva, situación que puede ocurrir cuando el sistema se alimenta con creaciones intelectuales anteriores. En este evento surgen varias preguntas: ¿Puede ese resultado que se deriva del modelo de inteligencia artificial ser calificado como una obra susceptible de protección a través de la propiedad intelectual? ¿Quién debería ser considerado titular de los derechos sobre esa creación: las personas que crean el sistema de IA, el sistema de IA como tal o el usuario del sistema de IA? ¿Será que se trata de una creación que debería entenderse como perteneciente al dominio público? Estos cuestionamientos pueden enfocarse en el derecho de autor sobre los textos o creaciones digitales que puedan obtenerse, pero no puede descartarse su protección por otras ramas de la propiedad intelectual.

"Zarya of the Dawn"[15] es uno de los casos más citados hoy sobre la materia. Se trata de una novela gráfica creada con la plataforma Midjourney por una artista llamada Kristina Kashtanova. Esta joven presen-

[15] Estos gráficos fueron tomados de "Zarya of the Dawn: How AI is Changing the Landscape of Copyright Protection By Tony Analla. https://

tó una solicitud de registro de derechos de autor en los Estados Unidos y la autoridad competente en principio otorgo un registro de *copyright* sobre la obra literaria, incluyendo sus imágenes. Posteriormente, al investigar más a fondo y determinar que las imágenes fueron derivadas de un sistema de IA, la Oficina de Derecho de Autor de los Estados Unidos (*United States Copyright Office* – USCO) canceló el primer registro y emitió uno nuevo excluyendo protección sobre las imágenes por considerar que carecían de originalidad pues no contaban con suficiente participación humana en el proceso de creación. Sin embargo, el proceso generó varias preguntas: ¿El uso de imágenes para entrenar la IA generativa sin licencia viola la ley? ¿Tienen las plataformas de IA responsabilidad secundaria por infringir obras protegidas? ¿El derecho de autor protege las creaciones de la IA generativa?

Ilustración 1. Zarya of the dawn

Fuente: "Zarya of the Dawn: How AI is Changing the Landscape of Copyright Protection" by Tony Analla.

---

jolt.law.harvard.edu/digest/zarya-of-the-dawn-how-ai-is-changing-the-landscape-of-copyright-protection. Recuperado el 17 de julio de 2023.

Para resolver algunos de estos interrogantes en marzo de 2023 la USCO publicó un documento titulado "Guía de registro de derechos de autor: obras que contienen material generado por inteligencia artificial" (*Copyright Registration guidance: Works Containing Material Generated by Artificial Intelligence*) que establece los criterios para el registro de obras que contengan material generado por el uso de estas tecnologías[16].

Pero la discusión no termina aquí, sobre todo porque no hemos tratado el tema de las patentes. Está claro que con la IA se pueden diseñar programas entrenados para hacer búsquedas y para redactar patentes mucho más precisas de lo que harían muchos humanos, monitorear el mercado de patentes y alertar a las empresas sobre posibles infracciones. Incluso, parece que hoy en día es posible que la IA desarrolle invenciones de forma autónoma, entendida dicha expresión como la capacidad de tomar decisiones y llevarlas a cabo en el mundo exterior sin la influencia o el control externo. El asunto es que en la actualidad la gran mayoría de los ordenamientos jurídicos estructuran las patentes entorno al inventor–persona física (al igual que el derecho de autor, con el autor–persona física). Por ejemplo, la ley estadounidense, cuando habla de inventor, hace referencia a una persona física o natural, en contraposición a las personas jurídicas.

El derecho europeo y el Comunitario Andino[17] siguen de manera indirecta esta tesis, puesto que todo el sistema está estructurado

16 Se puede consultar en su totalidad en: federalregister.gov/documents/2023/03/16/2023-05321/copyright-registration-guidance-works-containing-material-generated-by-artificial-intelligence

17 "*El inventor, siguiendo las líneas de la doctrina y la jurisprudencia es siempre una persona natural; debido a que la actividad inventiva proviene de la mente humana, sólo puede ser una persona física. (...) [A]unque el inventor sea, en principio, el titular legítimo del derecho a la patente, éste lo puede ceder a favor de un tercero, en cuyo caso podrá ser una persona natural o jurídica; pero no por ello pierde su autoría, conserva el derecho de la paternidad de la invención, la cual es inajenable, por lo que el cesionario del derecho de patente deberá expresar*

en torno la persona natural (en los formularios se exige el nombre, apellidos y domicilio para designar al inventor). Es por esto que Luz Sánchez, una profesora española que participó como expositora en el panel "La perplejidad del derecho de propiedad intelectual ante la eclosión de la inteligencia artificial" en las XXII Jornadas Virtuales de Trabajo y Consejo de Administración de 2020 de la Asociación Interamericana de la Propiedad Intelectual (ASIPI)[18], sugirió la posibilidad de proponer a los legisladores una suerte de personalidad electrónica, que se reconocería en aquellos casos en los cuales los agentes inteligentes generan invenciones a partir de decisiones autónomas, independientes de terceros.

Hasta este momento podríamos concluir que la IA contemporánea es una tecnología neutral, que tiene el potencial de mejorar la eficiencia de diversos trámites o procesos en beneficio de la humanidad y que sólo genera algunas inquietudes legales. Sin embargo, no podemos soslayar que esta tecnología podría ser utilizada con fines perversos[19]. Al fin y al cabo, los modelos de IA aprenden a partir de conjuntos de datos extensos, y si estos datos contienen sesgos ideológicos, estereotipos culturales, políticos o de género, entre otros, existe la posibilidad de que el modelo resultante también los refleje[20].

---

en su caso, de quién ha provenido la cesión, quién ha sido el inventor cedente de los derechos a su favor. Sólo el inventor puede oponerse a su mención en la patente si así lo desea (Art.11)." Tribunal de Justicia de la Comunidad Andina. *Proceso 43-IP-2001.* Magistrado Ponente: Guillermo Chahín Lizcano.

18 Véase: www.asipi.org/Biblioteca

19 "*The primitive forms of Artificial Intelligence we already have, have proved very useful. But I think the development of full artificial intelligence could spell the end of the human race*" Traducción propia: "*Las formas primitivas de Inteligencia Artificial que ya tenemos han demostrado ser muy útiles. Pero creo que el desarrollo de una inteligencia artificial completa podría significar el fin de la raza humana*" Hawking, Stephen. *Stephen Hawking on Artificial Intelligence.* 2018. En: Sansad TV. Online. Tomado de: https://www.youtube.com/watch?v=GozpTxFDnFg

20 Al respecto, en el año 2018 el CEO de Google presentó una declaración ante el Congreso de los Estados Unidos en la que precisó que la empresa

Esta doble personalidad se observa, por ejemplo, en los sistemas de IA que se utilizan para tomar decisiones automatizadas en áreas como la contratación pública o privada, los préstamos o el sistema de justicia. Si bien estos sistemas pueden estandarizar y agilizar los procesos en beneficio de los interesados, si estuviesen sesgados en sus criterios, podrían perpetuar la corrupción o amplificar discriminaciones hacia ciertas etnias o géneros.

Lo mismo se observa en los algoritmos de recomendación de contenido como los utilizados en las redes sociales o plataformas de *streaming*, que suelen mostrar a los usuarios contenido similar con el que han interactuado anteriormente, con el ánimo de generar visitas o tráfico. Esto puede crear "burbujas de filtro"[21], donde las personas solo ven información y opiniones que refuerzan sus propias perspectivas, creando divisiones y polarización en la sociedad[22].

Todo esto se agrava cuando vemos que existen técnicas como la generación de texto o imágenes falsas de alta calidad que pueden ser usadas con fines ideológicos, la propagación de noticias falsas o la manipulación de elecciones, como se ha visto en algunos países en los últimos años[23].

---

trabaja intensamente para asegurar que sus productos cumplan con estándares de integridad, sin sesgos políticos. Pichai Sundar. "*Written Testimony of Sundar Pichai, Chief Executive Officer, Google LLC.* House Judiciary Committee. *Hearing on Transparency & Accountability: Examining Google and its Data Collection, Use, and Filtering Practices.*" 2018. Disponible en: https://nsarchive.gwu.edu/sites/default/files/documents/5686137/Sundar-Pichai-CEO-Google-Statement-for-the.pdf

21 Véase: Rossi Aníbal. "*¿Burbujas de filtro? Hacia una fenomenología algorítmica*". En: Revista Inmediaciones de la comunicación Vol. 13. 2018.

22 En relación con el fenómeno de las burbujas de filtro en TikTok, véase: Clarín. El misterioso algoritmo de TikTok, al descubierto: relevan por qué es el más adictivo de internet. 2021. Consultado el 27 de marzo de 2024. Disponible en: https://www.clarin.com/tecnologia/misterioso-algoritmo-tiktok-descubierto-relevan-adictivo-internet_0_UO_berfJJ.html

23 En la revista Forbes: https://www.forbes.com.mx/manipulaciones-mediante-ia-prolifera-elecciones-estados-unidos/. Artículo titulado "Manipulaciones

Será muy difícil lograr la neutralidad absoluta, sobre todo si tenemos en cuenta que, en la creación y entrenamiento de sistemas de inteligencia artificial siempre hay un cierto grado de sesgo inherente que puede provenir de diversas fuentes, como las decisiones algorítmicas, los conjuntos de datos utilizados para el entrenamiento y la interpretación de los resultados. Lo máximo que podemos hacer es procurar implementar prácticas imparciales de recopilación de datos, el diseño de algoritmos justos y transparentes y la realización de auditorías y revisiones periódicas para identificar y mitigar los sesgos ideológicos.

Si no se regula o controla la precisión y veracidad de los datos que se le proporcionan al sistema, la especie humana corre muchos peligros. Pensando en esto el Instituto "*Future of Life*" publicó una carta en marzo de 2023 titulada "Una pausa para los experimentos de IA"[24] en la cual se hace un llamado a todos los laboratorios de IA para que suspendan, al menos durante 6 meses, los experimentos que están desarrollando. Quienes la firman, que son más de 30.000 personas entre quienes se cuenta Steve Wozniak (Cofundador de Apple) y Yuval Noah Harari (Autor y Profesor del *Hebrew University of Jerusalem*), sostienen que antes de "avanzar" más en esta inteligencia tenemos que preguntarnos como humanidad cuáles son los trabajos que estamos dispuestos a automatizar y qué tanto estamos dispuestos a entregar el control de la civilización a las máquinas. Lo cierto es que al leer el documento se observa que el Instituto mencionado no está en contra de la investigación en estas materias, pero advierte que los sistemas potentes de IA solo deben ponerse en funcionamiento cuando estemos seguros de que sus efectos serán positivos y sus riesgos serán manejables.

Para lograr estos objetivos, el Instituto hace unas recomendaciones específicas: Todos los actores y laboratorios deben colaborar en

---

mediante IA proliferan previo a las elecciones en EU" mayo 30 de 2023.

24 "Pause Giant AI Experiments: An Open Letter". Future of Life Institute: https://futureoflife.org/open-letter/pause-giant-ai-experiments/

torno a la implementación de un conjunto de protocolos de seguridad que sean exhaustivamente supervisados por expertos externos e independientes. Esto permitirá alcanzar productos de IA más precisos, seguros, interpretables, transparentes, robustos, alineados, confiables y éticos. Además, se sugiere a los desarrolladores de IA trabajar en conjunto con los legisladores para acelerar el desarrollo de sistemas de gobernanza, establecer un sólido ecosistema de auditoría y certificación, y promulgar normas de responsabilidad por los daños causados por la IA. El Instituto también propone la asignación de financiamiento público para la investigación en seguridad de la IA y la creación de instituciones capaces de hacer frente a las implicaciones económicas y políticas, especialmente en lo que concierne a la democracia, que la IA podría generar.

Gráfico 5. Recomendaciones sobre la IA del *Future of Life Institute*

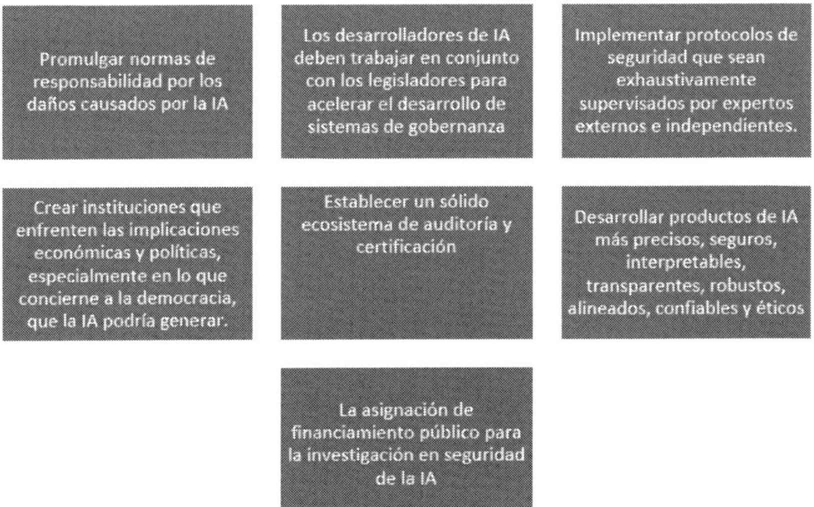

Promulgar normas de responsabilidad por los daños causados por la IA

Los desarrolladores de IA deben trabajar en conjunto con los legisladores para acelerar el desarrollo de sistemas de gobernanza

Implementar protocolos de seguridad que sean exhaustivamente supervisados por expertos externos e independientes.

Crear instituciones que enfrenten las implicaciones económicas y políticas, especialmente en lo que concierne a la democracia, que la IA podría generar.

Establecer un sólido ecosistema de auditoría y certificación

Desarrollar productos de IA más precisos, seguros, interpretables, transparentes, robustos, alineados, confiables y éticos

La asignación de financiamiento público para la investigación en seguridad de la IA

Fuente: Elaboración propia

En consonancia con dicho enfoque, la Unión Europea (UE) ha estado trabajando durante varios años en la elaboración de una nueva normativa para regular el desarrollo y uso de la inteligencia artificial, conocida como el Acta de Inteligencia Artificial (*AI Act*)[25]. Esta normativa tiene como objetivo principal fortalecer las normas éticas, la calidad y la transparencia de los datos en el ámbito de la IA, y establece un sistema de clasificación de riesgo para evaluar el impacto que estos programas puedan tener en los derechos fundamentales. De hecho, la propuesta requiere que los ciudadanos sean informados cuando interactúen con un agente automatizado, y establece sanciones significativas para aquellos que incumplan estas reglas[26].

Se espera que esta normativa esté lista durante en 2024, y con esto, la Comisión Europea tiene como objetivo convertirse en un referente mundial en la regulación de esta tecnología, siguiendo el ejemplo del Reglamento General de Protección de Datos (RGPD) que implementó en 2015.

En este contexto, la inteligencia artificial se presenta como un desafío para el sistema jurídico tradicional. Es necesario evaluar si las instituciones existentes pueden abordar todas las interrogantes planteadas previamente y en caso afirmativo, se debe determinar si las soluciones son adecuadas o si requieren una revisión y modificación a través de cambios normativos de mayor o menor envergadura[27].

---

25 El 14 de junio de 2023 los eurodiputados adoptaron la posición de negociación del Parlamento sobre la AI Act. Ahora comenzarán las conversaciones con los países de la UE en el Consejo sobre la forma final de esta norma. Al respecto: European Parliament. *"EU AI Act: first regulation on artificial intelligence"* 14 de junio de 2023. [Consultado el 10 de septiembre de 2023] Disponible en: https://www.europarl.europa.eu/news/en/headlines/society/20230601STO93804/eu-ai-act-first-regulation-on-artificial-intelligence

26 Véase: Parlamento Europeo. *La Eurocámara aprueba una ley histórica para regular la inteligencia artificial.* Notas de Prensa. 13 de marzo de 2024. Consultado el 27 de marzo de 2024. Disponible en: https://www.europarl.europa.eu/news/es/press-room/20240308IPR19015/la-eurocamara-aprueba-una-ley-historica-para-regular-la-inteligencia-artificial

27 En relación con el cambio de paradigma que podría traer la IA en el derecho de autor, se ha precisado, respecto la normativa colombiana

2. METAVERSO

La palabra "Metaverso" está formada con el prefijo "meta" (que significa "más allá", en griego) y las sílabas finales de "universo". La acuñó Neal Stephenson hace décadas en la novela "*Snow Crash*" para referirse a una dimensión paralela en la que las personas pueden escoger un avatar (un personaje virtual) que los represente con la apariencia que deseen. Por ejemplo, en ese libro el personaje central del relato, llamado "Héroe Protagonista", trabajaba de repartidor de pizzas en el mundo real, pero actuaba como un príncipe en el mundo virtual. Pues bien, todos nosotros también podremos tener una nueva identidad en el Metaverso, pero lo que es más importante, todos también estamos en capacidad de beneficiarnos de los nuevos modelos de negocio (o así es como nos lo han vendido a través de las redes sociales) que están apareciendo gracias al desarrollo del Metaverso, respaldados además por tecnologías como *Blockchain* y la Inteligencia Artificial. En pocas palabras, el Metaverso representa un cambio de paradigma en la forma en la

---

que: "Gracias a la redacción de las normas locales, las cuales —por fortuna o por habilidad del legislador— resultan tecnológicamente neutrales, es posible adaptar los supuestos de hecho de las regulaciones a las situaciones fácticas actuales, en relación con esta nueva tecnología, la cual involucra de forma clara la utilización de derechos patrimoniales de autor tales como la reproducción, la transformación o escenarios ligados a los derechos morales como es el derecho de atribución o paternidad sobre una obra. *Otra discusión sería la de determinar la conveniencia de buscar un sistema diferente de protección para estas creaciones producto de la IA (sui generis) o que se busque una ficción jurídica que las asimile a la protección otorgada por el derecho de autor. En todo caso, no puede plantearse esta discusión como si se tratara de una necesidad imperiosa por el supuesto vacío de la normativa nacional para hacer frente a las nuevas tecnologías.*" (el resaltado es nuestro). Pérez Montaña, Camilo; Sarmiento Paez, Cristian. El derecho de autor en tiempos de inteligencia artificial: ¿Es necesario actualizar la legislación colombiana? Revista Foro de Derecho Mercantil. No. 81; p.: 41-74, octubre-diciembre de 2023. Legis. Bogotá (Colombia).

que socializamos, aprendemos, compramos, nos divertimos e incluso nos comunicamos tanto a nivel personal como comercial.

Así como ChatGPT desencadenó el auge que presenciamos hoy en día con la inteligencia artificial generativa, el concepto del Metaverso, tal como lo conocemos en la actualidad, se introdujo en la conciencia pública a través de los extensos esfuerzos de marketing realizados por el conglomerado empresarial originalmente conocido como Facebook. Este grupo empresarial optó por cambiar su imagen corporativa (marcas, nombre comercial, etc.) a "Meta", con el objetivo de liderar el uso del término "Metaverso" y ser pionero en la creación de un mercado mediante la comercialización de servicios digitales, como se describió anteriormente[28].

El Metaverso es un rompecabezas que aún está por armar, compuesto por cuatro piezas que interactúan entre sí: la realidad aumentada, la realidad virtual, la IA y la tecnología *Blockchain*:

---

28 Es importante precisar que, algunos de estos cambios de paradigma han estado vinculados a empresas que adoptan una tecnología existente, la adaptan en mayor o menor medida y la promocionan a través de campañas publicitarias intensivas, creando en ocasiones burbujas por el "*hype*" publicitario en torno a un nuevo producto o servicio. Piénsese recientemente en el impacto que las "Apple Vision Pro" de Apple tuvieron durante los primeros meses posteriores a su lanzamiento en el mercado. En relación con Meta, se ha dicho que "incluso el director ejecutivo de Meta, Mark Zuckerberg, está dando marcha atrás y dijo recientemente que el metaverso "no es la mayor parte de lo que estamos haciendo". La empresa ahora se centra en la eficiencia, eliminando 11.000 puestos de trabajo y posiblemente miles más por venir. Su unidad de negocios Reality Labs, que fabrica los cascos Meta Quest VR, perdió 13.700 millones de dólares el año pasado, señala Kelly." Traducción propia. Wagner Mitch. "*The metaverse hype bubble has popped. What now?*" 24 de febrero de 2023. [Consultado el 10 de septiembre de 2023]. Disponible en: https://www.fierceelectronics.com/embedded/metaverse-hype-bubble-has-popped-what-now

Gráfico 6. Composición del Metaverso

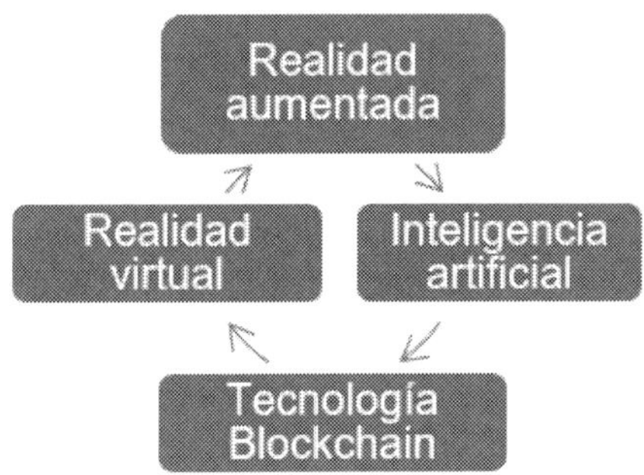

Fuente: Elaboración propia

Esta realidad plantea múltiples retos sociales, tecnológicos y legales. Para enfrentar estos últimos, como sucede con todas las tecnologías que representan un cambio de paradigma, algunos piensan que basta con las leyes existentes, que podrían adaptarse a las nuevas dinámicas tecnológicas, pero para otros, es necesario crear un nuevo derecho –*metalaw*– que regule temas como la propiedad intelectual, protección de datos personales, ciberdelitos, contratos, derecho laboral, la publicidad, y el respeto de derechos fundamentales como eje trasversal.

¿Qué negocios hay en el Metaverso? Muchos. Se habla de publicidad virtual, tiendas virtuales (de ropa, casas, coches…)[29], arte, compra venta de tokens o criptomonedas, compra y venta de bienes raíces e inversiones en casinos. Tal vez lo más importante en

---

29 "Nike y el metaverso. Nikeland es el espacio metaverso especialmente diseñado por Nike, que utiliza la plataforma Roblox para permitir a sus fanáticos reunirse, socializar, participar en promociones e interactuar con una amplia gama de experiencias de marca." Traducción propia. Marr, Bernard. The amazing ways Nike is using the metaverse, web3, and NFTs. Forbes. Junio 1 de 2022. [Consultado el 19 de noviembre de 2023] Disponible en: https://www.forbes.com/sites/bernardmarr/2022/06/01/the-amazing-ways-nike-is-using-the-metaverse-web3-and-nfts/?sh=16a39ffe56e9

este momento es el negocio del entretenimiento (música, audiovisuales, y videojuegos). Es posible que el Metaverso se convierta en una "burbuja", donde muchas personas buscarán sacar provecho, de forma similar a lo que ocurrió con los tokens no fungibles (NFTs)[30] que a pesar de representar una innovadora forma de explotar activos de propiedad intelectual a través de la tecnología *blockchain* para crear certificados digitales no fungibles[31], se comercializaron inicialmente a precios considerablemente elevados en comparación con su verdadero valor, lo que generó una burbuja que finalmente estalló a principios de 2023[32]. Basta con recordar la venta del primer tweet en la red social anteriormente conocida como Twitter en 2022 por más de dos millones de dólares, el cual fue valuado en 2023 en apenas unos miles de dólares.

---

30 "(B)ien inmaterial digital único e inédito construido o creado por un autor a través de datos que puede ser alojados en forma criptográfica en una cadena de bloques usando contratos inteligentes para ser vinculados de manera material digital y física como prueba de propiedad inmutable...". Armijos Vicente. (Junio de 2022). "¿Qué son los NFT, el DEFI y el Metaverso?" [Consultado el 10 de septiembre de 2023]. Disponible en: https://www.researchgate.net/publication/361685042_Que_son_los_NFT_el_DEFI_y_el_Metaverso

31 "En cuanto a su estructura, un NFT se compone tanto de un serial o número que permite identificarlo en la red de la cual hace parte, llamado Token ID, así como una dirección de contrato, la cual puede ser verificada por cualquiera que pueda acceder a la red. La combinación de ambos recoge los metadatos del NFT que están asociados al activo al cual representa el NFT, como lo son el objeto representado (sea éste un bien digital o un bien físico), el titular del NFT, el historial de transacciones de este, entre otros." Colombia, Dirección Nacional de Derecho de Autor. Concepto 1-2021-86180.

32 Becher Brooke. "Did the NFT Bubble Burst?" 17 de mayo de 2023. [Consultado el 10 de septiembre de 2023]. Disponible en: https://builtin.com/nft-non-fungible-token/nft-bubble.

El Metaverso genera varios retos para la PI: proteger la marca[33] y las creaciones propias del derecho de autor[34] en un entorno vir-

---

33 En jurisdicciones del derecho extranjero ya se han presentado debates en torno a la infracción de marcas en el metaverso. Por ejemplo, el 8 de febrero de 2023 fue proferido el veredicto del Jurado ante la *US District Court for the Southern District of New York*, a través del que se declaró que Mason Rothschild infringió los derechos de propiedad intelectual de Hermès, sobre la marca de uno de los bolsos más icónicos del mundo: el bolso "Birkin" (conocido por su distintivo y funcional diseño, aunado a su particular inspiración en la actriz Jane Birkin). El jurado determinó que el uso de la expresión Metabirkin, para comercializar NFTs atados a obras de arte digital con forma de bolsos Birkin, era una infracción y dilución sobre la marca Birkin. Este caso se constituye como un precedente fundamental al asegurar que no en todos los casos podrán tomarse las marcas e imagen comercial un producto (*trade dress*), alegando que, al ser activos digitales, nada tienen que ver con el mercado real en el que son comercializados. Para la determinación de la infracción deberá tenerse en cuenta el famoso Rogers test (Rogers v. Grimaldi), a través del cual se indicó que el título de una obra artística (i.e. Metabirkin) estará protegido por la libertad de expresión y no será una infracción marcaria, siempre que (i) tenga alguna relevancia artística para la obra subyacente y (ii) que no sea explícitamente engañoso en relación con el origen de las obras (lo que no sucedió en relación con el caso de Hermès). Al respecto: Hermes International et al v. Rothschild. Caso 1:2022cv00384. US District Court for the Southern District of New York.

34 Un ejemplo sobre las complejidades en la protección de obras protegidas por el derecho de autor en el metaverso y los NFTs se presentó el 11 de enero de 2024. Se trata de la Resolución No. 11/2024 proferida por el Juzgado de lo Mercantil de Barcelona, España, a través de la cual se desestimó la demanda interpuesta por la entidad Visual Entidad de Gestión de Artistas Plásticos contra Punto Fa, S.L (dueña de las tiendas de ropa "MANGO"), por considerar que no existió uso infractor sobre las obras *Oiseau volant vers le soleil*" y " *Tète et Oiseau*" de D. Gregorio, "*Ulls i Creu*" y "*Esgrafiats*" de D. Gabino y "*Dilatation*" de D. Genaro, las cuales fueron puestas en el entorno digital para acceso del público como parte de una estrategia publicitaria en la apertura de una nueva tienda MANGO. Señaló el Juzgado: "[*L*]*a valoración de los cuatro factores que la doctrina del fair use toma en consideración para decidir si el uso de una obra protegida sin autorización del autor es o no legítimo, conlleva en este caso la conclusión de que la demandada ha llevado a cabo*

tual; definir la titularidad de los derechos sobre las obras artísticas o literarias en ese ambiente, dado que los principios de coautoría y copropiedad pueden ser complejos[35]; armonizar las reglas relacionadas con los sistemas de pago; propiciar la protección de datos, e inclusive desarrollar un concepto de identidad digital para facilitar que los avatares, como alter ego virtual de las personas reales, creen, negocien e inclusive cometan delitos como el fraude, la falsificación, el acoso virtual y la violación de la propiedad intelectual.

3. LOS AGREGADORES DE NOTICIAS O *PRESS CLIPPING*

La acción de agregar noticias, o como se dice en inglés, de hacer *press clipping*, consiste en reproducir total o parcialmente artículos periodísticos (noticias, crónicas, entrevistas) que han sido publicados en la prensa, en la radio o televisión, a través de resúmenes o técnicas como el redireccionamiento, los *links* y *el framing*.

El resultado de esta actividad son productos informativos a la medida del consumidor. Si es alguien fanático de los deportes o

---

un uso legítimo y justo de las cinco obras plásticas objeto de este pleito. Además, los razonamientos expuestos al valorar estos cuatro factores sirven también para afirmar que se ha realizado un uso inocuo de las mismas, por cuanto lejos de perjudicar los legítimos intereses de los autores,éstos han sido beneficiados" Ponente: Montserrat Morera Ransanz. Juzgado de lo Mercantil de Barcelona Sección 9. *Resolución 11/2024.* 11 de enero de 2024.

35 "En el caso Bragg v. Linden Research, Inc., el Tribunal de Distrito de EE. UU. para el Distrito Este de Pensilvania sostuvo que un usuario que creó objetos virtuales dentro del mundo virtual Second Life no poseía los derechos de autor sobre esos objetos (...)". Traducción propia. Prajit, Gayathri. Protecting intellectual property in the metaverse: Challenges, opportunities, and recent case laws". 6 de mayo de 2023. [Consultado el 19 de noviembre de 2023]. Disponible en: https://timesofindia.indiatimes.com/blogs/voices/protecting-intellectual-property-in-the-metaverse-challenges-opportunities-and-recent-case-laws/. Al respecto: Bragg V. Linden Research, Inc. et al. Caso No. 2:2006cv04925. US District Court for the Eastern District of Pennsylvania.

de las noticias legales, el agregador le entrega un producto especializado que resume, muestra apartes, o agrega todo lo que otros han publicado al respecto.

Sobra resaltar la utilidad de tales publicaciones en un mundo inundado de información como el actual, en el que todos tenemos cada vez menos tiempo para seleccionar, filtrar y analizar la información de interés[36].

En los recortes, boletines y resúmenes de prensa, a veces se indica quién es el autor del texto original y a veces no; a veces se paga por el uso de estos contenidos y otras veces no. La discusión gira en torno a si esta actividad es legal, si vulnera los derechos de propiedad intelectual de los autores originales o si se involucra en actividades relacionadas con la competencia desleal.

La pregunta concreta es la siguiente: ¿pueden terceros que no participan ni intelectual ni económicamente en el proceso de creación y edición de una noticia reutilizar este trabajo y lucrarse de él?

Para responder esta cuestión desde el punto de vista del derecho de autor, habría que revisar temas como la originalidad de la obra periodística, el derecho de cita, el alcance del derecho de puesta a disposición y las obras derivadas. No es original y por lo tanto no está cubierta por el derecho de autor una información de prensa que carezca de originalidad, de un aporte creativo diferenciador que refleje el aporte o sello personal de su autor. Además, deberá tenerse en cuenta que la legislación nacional permite reproducir sin autorización y sin pagar contraprestación los artículos de actualidad, de discusión económica, política o religiosa si se cumplen los siguientes requisitos: la distribución o reproducción se hace en prensa, radio o transmisión pública por cable, el

---

36 La economía de la atención se refiere al concepto de que en la era digital actual, la atención humana se ha convertido en un recurso escaso y valioso. En esta economía, las empresas y plataformas compiten por captar la atención de los usuarios, ya sea a través de redes sociales, aplicaciones móviles, sitios web u otros medios digitales.

artículo originalmente fue publicado o dado a conocer a través de una publicación periódica, llámese periódico, colección periódica u obra radiodifundida y si su reproducción, radiodifusión o transmisión pública no ha sido prohibida[37].

Hay compiladores que justifican la legalidad de su actuar alegando el derecho de cita, que permite reproducir obras protegidas sin contar con la previa y expresa autorización del titular y sin pagar contraprestación alguna[38].

En este aparte valdría la pena recordar que, en Colombia, para que opere el derecho de cita, se requiere que se cumplan varios requisitos, a saber: que la obra citada hubiere sido publicada; que se indique la fuente y el nombre del autor de la obra citada; que la cita no interfiera con la explotación normal de la obra citada y que no se cause un perjuicio irrazonable a los intereses legítimos del autor de la creación.

Otro tema que se discute es si la compilación resultante del *press clipping* es una obra derivada, en los términos del derecho de autor. Al fin y al cabo, quien hace la compilación a menudo no sólo copia mecánicamente el texto original, sino que hace un trabajo adicional de contextualización, donde el artículo reproducido se ve enriquecido con comentarios y enlaces (links) a otras páginas que lo complementan. El problema aquí consiste en determinar, primero, qué tan original es esa variación y segundo, si el autor de la compilación obtuvo o no autorización del autor de la obra original para efectuar la transformación[39] porque si no lo hizo, no es titular del derecho de autor sobre la obra transformada[40].

---

37 Colombia, Dirección Nacional de Derecho de Autor. Concepto 2-2005-9839, octubre 13/05.

38 Comunidad Andina, Decisión 351, Artículo 3.

39 Tobón Franco Natalia y Varela Pezzano Eduardo. "Derecho de autor para creativos". Grupo Editorial Ibáñez, Bogotá, enero de 2010, p. 263.

40 Colombia, L.23/82. Art. 15.

¿Qué pasa cuando el recorte va acompañado de un link que dirige al usuario al sitio web donde fue publicada por primera vez la noticia? En principio, pareciera ser que el direccionamiento de una página web a otra no vulnera el derecho de autor de quien elaboró el contenido de la página direccionada, puesto que lo único que se copia y pone a disposición del público es su dirección electrónica. De hecho, algunos sostienen que quien publica una página en la web conoce las posibilidades técnicas de este medio y está interesado en que haya tráfico sobre su página a menos que lo prohíba expresamente[41]. El problema comienza cuando se hacen enlaces profundos o los llamados *deep linking*, que son los que reenvían a las páginas secundarias de un sitio objetivo sin pasar por su página de bienvenida, lo cual puede desnaturalizar el contenido o la imagen del sitio hacia el cual conduce el enlace hipertexto y generar confusión. La Dirección Nacional de Derecho de Autor de Colombia sostiene que los hipervínculos no pueden ser utilizados como un mecanismo que permita la transformación de la obra sin la autorización previa y expresa de su titular, ni facilitar la confusión del consumidor en cuanto a su contenido[42]. Y es que el *deep linking* también podría implicar la violación de medidas tecnológicas de protección al derecho de autor, lo que también sería sancionado como una infracción de al derecho de autor.

Por su parte, la Corte de Justicia de la Unión Europea (CJUE) determinó que enlazar un contenido en otro sitio web normalmente no infringe los derechos de autor, siempre y cuando el contenido enlazado está disponible públicamente de forma libre y no infringe derechos de autor en su ubicación original. Sin embargo, si el enlace proporciona acceso al contenido de una manera que

---

41 Peinado Gracia Juan Ignacio y Solana Diego. "Press clipping: competencia desleal y propiedad intelectual". http://www.cremadescalvosotelo.com/media/despachoenlosmedios/pdf/PresssClipping.Peinado-Solana.pdf., p. 55. Recuperado el 15 de octubre de 2014.

42 Colombia, Dirección Nacional de Derecho de Autor, Concepto 1-2009-34269.

evita las medidas de restricción tomadas por el titular de los derechos de autor para limitar el acceso a ese contenido, entonces sí se considera una infracción[43].

Finalmente, en esto de la legalidad de las compilaciones también se discute si se presenta o no violación de las normas que sancionan la competencia desleal. En Colombia se tienen como desleales los actos o hechos dirigidos a mantener o incrementar la participación en el mercado que resulten contrarios a las sanas costumbres mercantiles, al principio de la buena fe comercial, a los usos honestos en materia industrial o comercial. También se consideran desleales los actos o hechos encaminados a afectar la libre decisión del consumidor y los actos o hechos que afecten el funcionamiento concurrencial del mercado.

Si se observa bien, las empresas que hacen compilaciones periodisticas le hacen una fuerte competencia a los medios de comunicación clásicos. Tanta, que una encuesta en España encontró que más del 80 % de los suscriptores de las compilaciones declararon que de no contar con ellas habrían adquirido el medio original[44]. Precisamente por eso en ese país adoptaron en el año 2014 una ley según la cual la puesta a disposición del público por parte de prestadores de servicios electrónicos de agregación de contenidos de fragmentos no significativos de contenidos divulgados en publicaciones periódicas o en sitios Web de actualización periódica que tengan una finalidad informativa, de creación de

---

43 Svensson y otros vs. Retriever Sverige AB. Tribunal de Justicia de la Unión Europea, Sentencia C-466/12. 2014.

44 En un estudio que se hizo en España sobre hábitos de consumo de resúmenes de prensa se estableció que el 88.4 % de sus receptores declararon que de no contar con éstos, adquirirían el medio tradicional. Encuesta realizada por IPSOS en los meses de febrero y marzo de 2007, contratada por AEDE, citada en Peinado Gracia Juan Ignacio y Solana Diego. "Press clipping: competencia desleal y propiedad intelectual". http://www.cremadescalvosotelo.com/media/despachoenlosmedios/pdf/PresssClipping.Peinado-Solana.pdf., p. 57. Recuperado el 15 de octubre de 2014.

opinión pública o de entretenimiento, no requiere autorización, pero si genera una compensación equitativa[45].

En Estados Unidos una corte revisó una demanda presentada por una asociación de editores de periódicos contra una empresa que hacía *press clipping*. La demandada alegaba que ella simplemente hacia uso del derecho de cita pues facilitaba a sus suscriptores la búsqueda de los textos originales pero la Corte falló a favor de la asociación de periodistas pues estimó que la cantidad del texto copiado –entre el 4.5 % y el 60 % del texto original incluyendo el *lead*–, excedía el derecho de cita[46].

En resumen, quien desee dedicarse legalmente al negocio de agregación de contenidos o *press clipping*, debe verificar si lo que compila está protegido por el derecho de autor y si cumple los requisitos para defenderse alegando el derecho de cita, o cualquier otra limitación o excepción al derecho de autor. Indispensable también sería considerar el motivo por el cual agrega contenidos porque si lo hace con un interés económico, es posible que las autoridades encuentren que incurre en competencia desleal, bajo el entendido de que su actuar puede ser calificado como parasitario. Al fin y al cabo, el compilador está adquiriendo presencia en el mercado a costa de la inversión de tiempo, estudio, dedicación, análisis, trabajo y dinero que hacen otros otros –nada más imagine todo el equipo físico y humano que se requiere para publicar un periódico– por lo que al explotar estos contenidos sin pagar contraprestación alguna le causa a sus titulares un perjuicio injustificado que se evidencia en la reducción sustancial del número de ejemplares vendidos o de suscripciones. Al final, se trata de un tema tan importante que de él depende la subsistencia de muchos medios de comunicación y, por consiguiente, el que pueda mantenerse un mercado libre de ideas, donde florezca la libertad de expresión y se garantice la democracia.

---

45 España, Ley N° 21, artículo 32, noviembre 4/14

46 Estados Unidos, Associated Press v. Meltwater U.S. Holdings, Inc. (S.D.N.Y. Mar. 21, 2013).

4. LA PANDEMIA COVID–19

La pandemia COVID–19, además de su devastador impacto sobre la vida humana, dio lugar a cambios significativos en la propiedad intelectual. El rápido desarrollo de vacunas y tratamientos, motivado por la urgente necesidad de combatir la enfermedad, planteó discusiones relacionadas con la propiedad intelectual tanto a nivel nacional, involucrando a organismos como el Ministerio de Salud, como a nivel internacional, con instituciones como la OMC, la OMS y la OMPI.

Las conversaciones giran alrededor de la necesidad de un equilibrio entre los derechos de patente y el acceso a la salud pública a nivel global. Algunos argumentan que la liberación de patentes, a través de licencias obligatorias, permitiría una producción más amplia y rápida de estos productos esenciales, lo que beneficiaría la salud pública a nivel mundial. Otros, en cambio, defienden la protección de las patentes como un incentivo necesario para la inversión en investigación y desarrollo. En todo caso, es importante destacar que en este evento la situación excepcional de interés público impulsó el desarrollo de vacunas en asociaciones público–privadas[47].

Para comenzar digamos que la Organización Mundial del Comercio fue una figura central en estas discusiones pues administra el Acuerdo sobre los Derechos de Propiedad Intelectual Relacionados con el Comercio (ADPIC) y un sistema *sui generis* de solución de controversias para los Estados miembros. La exención temporal de los derechos de propiedad intelectual para las vacunas COVID–19, propuesta por varios Estados, fue un tema de debate constante, aunque su aprobación se produjo quizá después de superar los problemas iniciales de acceso a las vacunas.

---

47 Al respecto: Jasso, Javier; Torres, Arturo. *Nuevos mecanismos de colaboración público-privada para el desarrollo y acceso a la vacuna COVID-19: una perspectiva desde la teoría fundamentada.* Revista Contaduría y administración. Especial COVID-19, 2020, 1-19. México DF.

Además de los aspectos relacionados con la salud, la pandemia también tuvo un profundo impacto en el ámbito del entretenimiento. Esto se tradujo en un fortalecimiento de las plataformas OTT (*Over–The–Top*), como Netflix, Prime Video y HBO Max. Muchos hogares colombianos recurrieron a estas plataformas por primera vez durante los confinamientos de 2020 y 2021, y algunos optaron incluso por cambiar por completo al consumo de contenido audiovisual a través de estas plataformas. Por lo demás, la pandemia también fortaleció el mercado único digital, donde se comercializan una amplia variedad de productos y servicios lo cual planteó desafíos en la protección de los derechos marcarios en línea.

En resumen, la pandemia del COVID–19 generó debates fundamentales en relación con la propiedad intelectual en el contexto de la salud pública, la investigación científica, el acceso global a la innovación médica y la proliferación del uso de material protegido por derechos de propiedad intelectual. Estas polémicas seguirán siendo relevantes a medida que el mundo continúe enfrentando desafíos relacionados con la pandemia y explore nuevas formas de abordar la propiedad intelectual en situaciones de emergencia sanitaria. Más adelante desarrollaremos más este tema desde la óptica de la PI.

III. Justificación de la existencia de la propiedad intelectual

Para algunos, el sistema de propiedad intelectual es un conjunto de reglas que se han dictado a lo largo de los años para incentivar las creaciones de la mente, mientras que, para otros, se trata de un conjunto de normas creadas por el hombre para enriquecer a unos pocos en detrimento de los demás. Entre estos dos extremos hay todo tipo de posiciones. Veamos:

1. EN FAVOR DE LA PROPIEDAD INTELECTUAL

Históricamente se ha dicho que las normas sobre propiedad intelectual se justifican gracias a los siguientes argumentos:

Gráfico 7. Argumentos a favor de la existencia de la propiedad intelectual

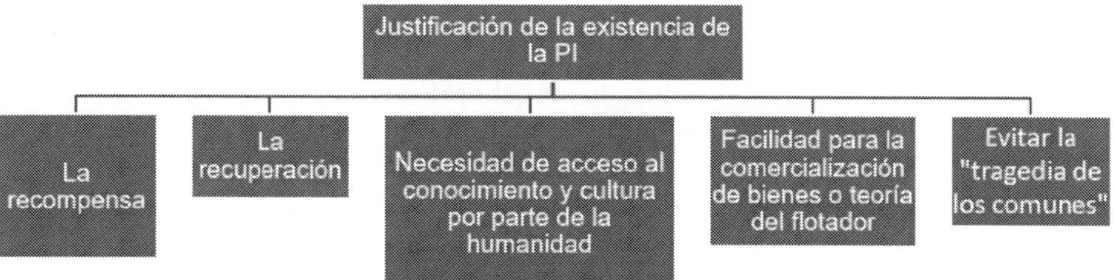

Fuente: Elaboración propia

Se habla de recompensa, porque al entregar al artista o inventor la facultad de excluir a otros de la explotación de la invención o creación durante un período de tiempo, se le reconoce un beneficio económico que hace que se sienta estimulado para que crear o producir más[1]. Este beneficio tiene una justificación de política pública distinta para cada figura de la propiedad intelectual. Por ejemplo, en el derecho de autor se incentiva la producción de obras creativas y originales, que reposarán en el dominio público de la cultura, en las patentes se busca hacer económicamente factible la investigación y el desarrollo mediante la inversión en nuevas tecnologías y productos, y en las marcas se protege a los clientes y a los empresarios, informándole a los primeros que su proveedor preferido –y no algún falsificador que produce bienes inferiores– es el origen de los bienes o servicios que está comprando, y a los segundos permitiéndoles distinguir sus productos de los de la competencia y obtener una reputación[2].

Sin embargo, es pertinente mencionar que algunos estudios demuestran que lo que anima a los inventores a crear no siempre es la posibilidad de obtener una retribución económica. Hace unos años se hizo en Estados Unidos una encuesta entre 710 científicos que demostró que las personas creativas actúan movidas por múltiples razones. Veamos[3]:

---

1 "Así, por ejemplo, la disposición constitucional [de Estados Unidos] en la que se basan los estatutos de derechos de autor y patentes indica que el propósito de esas leyes es proporcionar incentivos para los esfuerzos intelectuales creativos que beneficiarán a la sociedad en general. La Corte Suprema de los Estados Unidos, al interpretar los estatutos de derechos de autor y patentes, ha insistido repetidamente en que su objetivo principal es inducir la producción y difusión de obras del intelecto. Una gran cantidad de tribunales inferiores han estado de acuerdo." Traducción propia. Fisher William. *"Theories of Intellectual Property"*. Disponible en: https://cyber.harvard.edu/people/tfisher/iptheory.pdf

2 "El valor de una marca se observa en el ahorro en costos de búsqueda gracias a la información o reputación que ella transmite". Traducción propia. Landes, William y Posner, Richard. "Trademark Law: An Economic Perspective." Journal of Law and Economics, vol. 30, 1987, pp. 265-290.

3 Savitsky, Thomas. Eastman Chemical Company. October 1990. Tomado de los materiales de clase del profesor Karl Jorda para el curso de "Intel-

Tabla 10. Razones que impulsan a los inventores a crear

Cantidad de científicos	Motivo para inventar
193	Amor a la investigación
189	Deseo de inventar y resolver un problema
167	Beneficio financiero
118	Necesidad
73	Deseo de lograr un resultado
59	Parte del trabajo
27	Prestigio
22	Ayuda al prójimo
6	Pereza
33	Sin respuesta

Fuente: Elaboración propia

Como se observa, el interés económico estuvo en el tercer lugar de las respuestas, luego del amor por la investigación y el deseo de resolver un problema. Es posible pensar entonces que los científicos inventan más por el gusto de investigar y encontrar la solución a un problema y no por interés económico. Precisamente esa fue la conclusión a la que llegó el profesor John Kay[4], quien sostuvo que los derechos de propiedad intelectual generalmente no benefician a los individuos creativos sino a las empresas e intermediarios que adquieren sus derechos y los explotan convenientemente[5]. No obstante, esta postura encuentra detractores en el ámbito del derecho de autor, con autores como Delia Lypzsic o Ricardo Antequera, quienes han señalado que la correcta efectividad del derecho de autor debe reflejarse en una retribución

lectual Property Management" en Franklin Pierce Law Center, 2004.

4 El profesor Kay tiene su propia página web: www.johnkay.org

5 Kay John. Intellectual Property Protection: What Role in the 20th Century History of innovation? www.adb.org/Documents/Conference/Technology_Poverty_AP/adb12.pdf.Recuperado el 15 de julio de 2007.

justa por la labor creativa del autor, teniendo en cuenta la posibilidad de explotar comercialmente sus obras.

Se habla también de "recuperación", porque en esencia, la facultad de excluir a los otros de la explotación de una obra o invención brinda a los creadores y titulares la oportunidad de obtener un retorno de la inversión que hicieron en tiempo, dinero y riesgo. A esta tesis se podría cuestionar que, si bien la recuperación de la inversión realizada para un fin determinado es deseable, la propiedad intelectual no asegura que la protección otorgada permita recuperar todos los recursos invertidos. En este sentido, la Corte Suprema de Justicia de los Estados Unidos señaló en el caso Feist Publications, Inc. v. Rural Telephone Service CO., Inc. que el derecho de autor premia la originalidad, no el esfuerzo[6], por lo que el simple esfuerzo e inversión económica no va a determinar que una creación esté protegida ni que sea exitosa y redituable económicamente.

Hay autores que combinan el argumento de la recompensa y recuperación en términos económicos hablando de eficiencias estáticas y dinámicas así: La PI es un "sistema basado en el pago de recompensas por parte del Estado a los productores con la condición de que los conocimientos creados por éstos sean puestos en el espacio público, lo que ocurre con el paso del tiempo, con la excepción de los signos distintivos como marcas, lemas, etc., que tienen vocación de perpetuidad, siempre que sean usados y su titular demuestre interés en su mantenimiento (con el uso o la renovación, según el caso). Los beneficios de este sistema, desde la óptica del argumento keynesiano, no se limitarían al aumento de lo que los economistas llaman eficiencia estática (el bienestar social presente de los consumidores) sino que repercutirían en

---

[6] Estados Unidos, Feist Publications, Inc. v. Rural Telephone Service CO. Caso No. No. 89-1909. Supreme Courtof the United States. 1991.

un incremento de la eficiencia dinámica (el bienestar social futuro como producto del aumento de los incentivos a innovar)"[7].

La OMPI habla de la tesis del "flotador" o apoyo a la comercialización. Según esta entidad existe una especie de "valle de los muertos" de las innovaciones que cubre el lapso entre la creación de un prototipo de algo hasta que se lanza al mercado. "Este es el periodo durante el que la mayoría de las invenciones se vienen abajo debido a la falta de apoyo externo o a que no son viables desde el punto de vista comercial. Durante esta fase, la propiedad intelectual, en particular las patentes, desempeñan un papel fundamental al facilitar el acceso a inversores de capital de riesgo que pueden proporcionar un salvavidas y hacer que la invención llegue al mercado. Los derechos de propiedad intelectual dan fuerza a la posición negociadora cuando se buscan socios inversores, y hace que la empresa resulte más atractiva para los posibles inversores" [8].

Uno de los argumentos más importantes es el del "conocimiento público difundido"[9] que se explica de la siguiente forma: dado que la PI es una propiedad temporal, se entiende que en algún momento las creaciones llegarán al dominio público, lugar donde

---

7 Zukerfeld, Mariano. "Sistematización de los argumentos críticos de la Propiedad Intelectual." Disponible en: https://cdsa.aacademica.org/000-062/222.pdf, p. 4.

8 OMPI Revista Número 4/2005. "Propiedad intelectual, innovación y desarrollo de nuevos productos".

9 El olvido de este argumento, que es crítico para que exista un equilibrio, es lo que hace que la propiedad intelectual tenga tantos enemigos. El profesor inglés John Kay, al analizar la obsesión actual por proteger la propiedad intelectual sostiene en su página web –www.johnkay.com–, [consultado 5 de nov. 2013], lo siguiente: "Mi mundo ideal no es uno en que no existan derechos de propiedad intelectual. Sin embargo, si me viera obligado a escoger entre el actual régimen legal de propiedad intelectual y no tener ninguno, me vería tentado a escoger no tener ninguno".

nadie tiene un derecho de exclusiva para gozar de las facultades patrimoniales sobre la obra, y, en consecuencia, la obra puede ser explotada por cualquier persona.

La tesis del conocimiento público difundido argumenta que este proceso de protección temporal seguido de la entrada en el dominio público permite que las obras y las invenciones se difundan y se utilicen de manera más amplia, lo que a su vez fomenta la innovación y el progreso en la sociedad. Al permitir que otros construyan sobre el trabajo anterior y se inspiren en él, se crea un ciclo continuo de creación y difusión de conocimiento que beneficia a la sociedad en su conjunto[10].

A favor de la propiedad intelectual también se puede decir que evita que se presente la "tragedia de los comunes". Nos referimos a la figura ideada por el biólogo y ecologista Garrett Hardin en un artículo publicado en la revista *Science* en 1968. Allí describe un escenario en el que varios pastores comparten un pastizal común y tienen incentivos individuales para aumentar su ganado. Esto conduce a la sobreexplotación y degradación del pastizal. La importancia de esta tesis radica en que ilustra un problema fundamental en la gestión de recursos compartidos: cuando los individuos actúan según sus propios intereses, el resultado puede ser perjudicial para el grupo en su conjunto.

En nuestro caso, cuando ciertos tipos de creaciones no están protegidos por derechos de propiedad intelectual, pueden ser utilizados de manera excesiva o sin control, lo que puede resultar en su degradación o agotamiento. Por ejemplo, el caso de los conocimientos tradicionales de comunidades indígenas sobre plantas medicinales. Si estos conocimientos no estuvieren protegidos por derechos de propiedad intelectual, podrían ser utilizados de forma indiscrimina-

10 Esto, sin perjuicio de los derechos morales, existentes en el derecho de autor, los cuales son en principio perpetuos y estarán en cabeza del autor o sus herederos y posteriormente en cabeza del Estado. Véase el artículo 30 de la Ley 23 de 1982.

da por empresas farmacéuticas u otros actores, sin considerar la conservación de estos recursos o los derechos de las comunidades que los poseen. En este sentido, la falta de protección de la propiedad intelectual puede conducir a una tragedia de los comunes en la que los recursos intelectuales compartidos son sobreexplotados o degradados debido a la falta de regulación o protección adecuada.

En suma, aunque existen diferentes fundamentos en torno a la razón de ser de la protección de los activos de propiedad intelectual, todos ellos comparten la idea de ser una construcción legal creada con la finalidad de promover cierto bienestar, ya sea para los creadores, la sociedad o todos. La posición predominante aboga por establecer un equilibrio y adoptar una protección que sea más o menos equitativa, limitada temporalmente como regla general y que permita ciertos actos por parte de terceros sin infringir los derechos de propiedad intelectual.

2. EN CONTRA DE LA PROPIEDAD INTELECTUAL

Los detractores de la propiedad intelectual esgrimen, por su parte, otro tipo de argumentos. Dicen que ni la creatividad ni las ideas son bienes escasos. La propiedad privada tradicional u ordinaria (ej. bienes muebles e inmuebles) surge de la escasez[11], pero las ideas y la creatividad humana son ilimitadas por lo que privatizarlas solo sirve para generar conflictos artificialmente[12]. Dicho de otra manera, si la propiedad privada garantiza "que los bienes escasos sean usados de la forma más eficiente y productiva, resulta

[11] Hoppe, Hans-Hermann. *A Theory of Socialism and Capitalism: Economics, Politics, and Ethics.* Ludwig Von Mises Institute, 1989, p. 9.

[12] Cole, J. H. (2001). Patents and Copyrights: Do the Benefits Exceed the Costs?. *Journal of Libertarian Studies, 15*(4), 79–105. Citado por Esplugas Boter, A. (2006). El monopolio de las ideas: contra la propiedad intelectual. *Procesos de mercado: revista europea de economía política, 1,* 101.

difícil justificar los derechos de propiedad intelectual porque éstos crean una escasez donde antes no existía"[13].

> "A diferencia de la propiedad física, el conocimiento es perenne: su consumo no lo desgasta. Por ende, limitar su uso es contrario a su naturaleza. El conocimiento debe circular tan libremente como sea posible"[14].

También afirman que muchas invenciones y creaciones se hubieran producido, aunque no existiera la propiedad intelectual. "En el ámbito de las patentes los estudios empíricos dirigidos por Edwin Mansfield son ilustrativos. En un primer estudio se concluye que, exceptuando los medicamentos, la ausencia de la protección de patentes hubiera afectado a menos de una cuarta parte de las innovaciones de la muestra (es decir, la mayoría se hubiera producido igualmente). En un segundo estudio, de acuerdo con una muestra de 100 compañías de 12 industrias distintas, las patentes fueron consideradas esenciales para un tercio o más de sus innovaciones en sólo dos industrias. En siete industrias, por otro lado, las empresas estimaron que las patentes sólo fueron esenciales para el desarrollo de menos del 10% de sus invenciones. En algunas de estas industrias incluso se consideró que las patentes no fueron necesarias para el desarrollo de ninguna de sus innovaciones"[15].

De hecho, el historiador Thomas Ashton sostiene que la Revolución Industrial inició cuando expiró la patente de Watt sobre la

---

13 Cole, Julio. "¿Se justifican las patentes en una economía libre?" *Revista Themis,* no. 38, 2018, pp. 315-316. Disponible en: https://dialnet.unirioja.es/descarga/articulo/5110358.pdf.

14 Zukerfeld, M. (s/f). Sistematización de los argumentos críticos de la Propiedad Intelectual. En *XXVII Congreso de la Asociación Latinoamericana de Sociología* (p. 12). Recuperado de https://cdsa.aacademica.org/000-062/222.pdf

15 Cole, J. H. (2001). Patents and Copyrights: Do the Benefits Exceed the Costs? *Journal of Libertarian Studies, 15*(4), 79–105.

máquina de vapor[16]. Algunos autores recuerdan que en el siglo XIX en Estados Unidos los autores foráneos no gozaban de la protección del derecho de autor "y, no obstante, existía un mercado de obras extranjeras. Editores y autores arbitraron mecanismos voluntarios y contractuales para posibilitar un negocio lucrativo"[17].

Uno de los principales argumentos de los detractores de la PI es que ella restringe la competencia. "A Henry Ford se le impidió inicialmente desarrollar sus automóviles porque Alam retenía las patentes sobre los coches de gasolina. En el campo de la aviación sucedió algo similar: los hermanos Wright patentaron un mecanismo especial para las alas del avión y demandaron a todos los que intentaron aplicar innovaciones parecidas"[18].

Quienes están en contra de la PI también sostienen que la concesión otorgada por una autoridad competente a una persona para que esta aproveche de manera exclusiva una obra, un signo distintivo o una invención y determine las condiciones de precios sin tener en consideración un escenario de oferta y demanda en un mercado perfecto es un monopolio[19].

---

16 *Ibídem.*

17 Palmer, T. (1989). Intellectual Property: A Non-Posnerian Law and Economics Approach. *Hamline Law Review.* Cited in Esplugas Boter, A. (2006). El monopolio de las ideas: contra la propiedad intelectual. *Procesos de mercado: revista europea de economía política, ISSN 1697-6797, N°. 1,* 47-104.

18 Cole, J. H. (2001). Patents and Copyrights: Do the Benefits Exceed the Costs? *Journal of Libertarian Studies, 15*(4), 79–105.

19 El Diccionario de la Real Academia Española define monopolio de la siguiente forma: "1. m. Concesión otorgada por la autoridad competente a una empresa para que esta aproveche con carácter exclusivo alguna industria o comercio.
2. m. Convenio hecho entre los mercaderes de vender los géneros a un determinado precio.
3. m. Acaparamiento.
4. m. Ejercicio exclusivo de una actividad, con el dominio o influencia consiguientes. Monopolio del poder político, de la enseñanza.

Los defensores de las patentes y el derecho de autor difieren de esto pues sostienen que, si bien las patentes y los derechos de autor otorgan derechos exclusivos a los titulares, su duración limitada, la divulgación de información al finalizar el plazo, la existencia de excepciones y la posibilidad de otorgar licencias, desdibujan el concepto de "acaparamiento". Explican además que, incluso en situaciones donde un solo actor domina, estos suelen operar bajo supervisión, especialmente en el caso de los medicamentos. Finalmente, insisten en que la protección proporcionada por el derecho de autor no es absoluta en lo que respecta a las ideas en sí mismas, sino que se aplica específicamente a la forma en que las mismas han sido expresadas o materializadas. En el caso de las patentes, la protección se limita a una de las posibles formas de resolver un problema técnico enmarcada en las "reivindicaciones de la patente", lo que significa que otras soluciones al mismo problema no infringen, en principio, ningún derecho[20].

Los enemigos y críticos de la PI agregan que cualquier monopolio legal desincentiva: ¿Qué incentivos tiene un autor o un inventor para seguir creando si ya goza de una renta monopolística con respecto a su obra durante varios años?[21] En contra de esta posición se puede argumentar que la falta de protección permitiría que, frente a cualquier creación, un tercero con mayores recursos financieros la apropiara y explotara sin proporcionar reconocimiento económico alguno al creador. En tales casos, los creadores se verían obligados a buscar otros empleos que les per-

---

5. m. Situación de mercado en que la oferta de un producto se reduce a un solo vendedor". En: https://dle.rae.es/monopolio. Recuperado el 17 de julio de 2023.

20 Véase la teoría de los equivalentes. Al respecto: OMPI. "Teoría de los Equivalentes: Principios Fundamentales y Jurisprudencia". 19 de octubre de 2004. [Consultado el 10 de septiembre de 2023]. Disponible en: https://www.wipo.int/meetings/es/doc_details.jsp?doc_id=34342.

21 Cole, J. H. (2001). Patents and Copyrights: Do the Benefits Exceed the Costs? *Journal of Libertarian Studies, 15*(4), 79–105.

mitieran llevar una vida digna, renunciando a su labor creativa como fuente principal de ingresos.

Mientras los defensores de la PI sostienen que si no se les reconociera nada a los autores e inventores habría menos obras y menos inventos tal y como lo evidencian múltiples estudios según los cuáles a mayor número de patentes más desarrollo[22], los detractores estiman que esta afirmación es equivocada porque no tiene en cuenta que en ocasiones los costos de hacer valer la propiedad intelectual eclipsan los supuestos beneficios de esta regulación[23] y que no todo el incremento de la productividad es resultado de una invención: "también se debe a economías de escala, mejoras en la calidad de la fuerza del trabajo, cambios demográficos"[24].

En efecto, los enemigos de la PI sostienen que los gastos inherentes a la propiedad intelectual en materia de registros, trámites, asesoría, tribunales y abogados (costos de transacción) generan gastos innecesarios que no habría que sufragar en un escenario sin patentes y derechos de autor, por lo que ese dinero sería desembolsado para otros fines más productivos[25].

Agregan que hay gastos superfluos cuando los inventores se ven obligados a 'dar vueltas alrededor de las invenciones' para esquivar las patentes "ofreciendo un producto lo suficientemente

---

22 En el año 2020 "las patentes en vigor en todo el mundo aumentaron un 5,9 % para alcanzar unos 15,9 millones en 2020. El mayor número de patentes en vigor se registró en los EE.UU. (3,3 millones), seguidos de China (3,1 millones), el Japón (2 millones) la República de Corea (1,1 millones) y Alemania (0,8 millones)". OMPI, Comunicados de prensa. PR/2021/883

23 Cole, J. H. (2001). Patents and Copyrights: Do the Benefits Exceed the Costs? *Journal of Libertarian Studies, 15*(4), 79–105.

24 *Ibídem.*

25 Kinsella, S. (2001). Against Intellectual Property. *Journal of Libertarian Studies.* Citado por Esplugas Boter, A. (2006). El monopolio de las ideas: contra la propiedad intelectual. *Procesos de mercado: revista europea de economía política, Nº. 1,* 47-104.

diferenciado como para que no entre en conflicto con ésta. Así, para no infringir la patente de un tercero, se incide en un gasto superfluo y en ocasiones se produce un invento que, por ser algo distinto, resulta inferior al original"[26]. Esto también puede afectar a la compatibilidad entre bienes manufacturados (la diferenciación puede hacerlos incompatibles)[27].

> "Asimismo, los que retienen la patente incurren a menudo en gastos superfluos al inventar ellos también alrededor de ésta, para blindarse de la competencia e impedir que puedan esquivar su patente. IBM, por ejemplo, gastó millones de dólares en inventar alrededor de las patentes de Xerox, de modo que cualquier aspecto de su tecnología quedara protegido. El 25% del presupuesto de IBM se destinó a la asesoría en materia de patentes, no a la investigación y al desarrollo" [28].

De hecho, los detractores del sistema afirman que las patentes a veces fomentan más la innovación negativa que la innovación positiva. Sostienen, por ejemplo, que en el ámbito de la salud, incentivar las patentes facilita la proliferación de medicamentos similares pero no necesariamente más efectivos ("*me–too drugs*") y la investigación, buscando la cura de las enfermedades que afectan a personas de países más desarrollados, mientras que se descuida la innovación en medicamentos menos rentables, como los antibióticos o aquellos contra las enfermedades huérfanas, dado que las empresas buscan desesperadamente proteger su modelo de negocio[29].

Los detractores de la propiedad intelectual también esgrimen el argumento histórico según el cual muchos estados "subieron

---

26 Cole, J. H. (2001). Patents and Copyrights: Do the Benefits Exceed the Costs? *Journal of Libertarian Studies, 15*(4), 79–105.

27 *Ibídem.*

28 Cole, J. H. (2001). Patents and Copyrights: Do the Benefits Exceed the Costs? *Journal of Libertarian Studies, 15*(4), 79–105.

29 Feldman, R.C., Hyman, D.A., Price, W.N. *et al.* Negative innovation: when patents are bad for patients. *Nat Biotechnol* 39, 914–916 (2021). https://doi.org/10.1038/s41587-021-00999-0

la escalera" infringiendo derechos de propiedad intelectual de titulares de derechos extranjeros, y, una vez adquirieron un desarrollo tecnológico y cultural, en parte con base en las creaciones extranjeras, la patearon, al adoptar una normativa estricta de protección, impidiendo que los Estados en desarrollo tuvieran acceso a la tecnología y la cultura en igualdad de condiciones[30].

Además, señalan que la distinción entre descubrimientos no patentables e inventos patentables y los límites temporales escogidos para las patentes y los derechos de autor son arbitrarios[31].

Finalmente, los contradictores de la PI sostienen que existen muchas innovaciones que no están totalmente amparadas por la PI y, sin embargo, generan beneficios[32]. A continuación, presentamos un breve y muy abstracto resumen de estos argumentos:

---

30 Chang, Ha-Joon. "Patada a la escalera: La verdadera historia del libre comercio." *Revista Ensayos de Economía*, No. 42, 2013.

31 Esplugas Boter, Albert. El monopolio de las ideas: contra la propiedad intelectual. Procesos de mercado: revista europea de economía política, ISSN 1697-6797, N°. 1, 2006, p. 101.

32 Palmer Tom, "Intellectual Property: A Non-Posnerian Law and Economics Approach". Op. Cit. p. 282

Tabla 11. Argumentos en contra de la propiedad intelectual

La creatividad y las ideas son recursos abundantes y no escasos en la sociedad. La capacidad de imaginar, inventar y crear está presente en todas las personas, y se ve alimentada por la curiosidad, la experiencia, la interacción social y la inspiración que se encuentra en el entorno.	***Muchas invenciones y creaciones se habrían producido de todos modos incluso si no existiera la propiedad intelectual (PI).*** La creatividad e innovación son impulsadas por una variedad de factores, como la curiosidad humana, la competencia entre empresas, la búsqueda de soluciones a problemas y la mejora de la calidad de vida, entre otros.	***PI genera monopolios***, que son situaciones en las que una sola empresa o entidad tiene el control casi total sobre la oferta de un producto o servicio en un mercado determinado. Los monopolios actúan como barreras de entrada significativas para nuevos competidores, permiten el control exclusivo sobre recursos clave y otorgan a una empresa el control exclusivo sobre ciertos mercados. Los monopolios pueden tener efectos negativos en la economía, ya que pueden llevar a precios más altos para los consumidores, una menor variedad de productos o servicios, y una menor calidad y eficiencia en la producción.	***La propiedad intelectual (PI) puede limitar la competencia*** de varias maneras, principalmente porque otorga a los titulares de derechos exclusivos sobre sus creaciones por un período de tiempo determinado. Esto puede conducir a situaciones en las que los competidores no pueden acceder a ciertas tecnologías, productos o contenidos sin el permiso del titular de los derechos, lo que puede restringir la competencia en el mercado. Además, la PI puede utilizarse estratégicamente para bloquear la entrada de competidores al mercado o para mantener el control sobre un mercado.	***Los costos de proteger y hacer valer la propiedad intelectual***, como los honorarios legales, los procedimientos judiciales y la vigilancia de infracciones, ***pueden ser tan elevados que superan los beneficios económicos que la propiedad intelectual puede proporcionar.***

No todo el incremento de la productividad es resultado de una invención. También se debe a economías de escala, mejoras en la calidad de la fuerza del trabajo, cambios demográficos.	Las patentes promueven la innovación en un área concreta en detrimento de otra. Esto puede resultar en un ***bloqueo de la innovación en ciertos sectores*** y en la concentración de recursos en áreas donde se pueden obtener patentes fácilmente, en lugar de donde se necesita más innovación.	***Teoría de la "patada a la escalera"*** se refiere a la idea de que los países desarrollados, después de haber alcanzado la cima, intentan evitar que otros países sigan su ejemplo y alcancen su nivel de desarrollo utilizando las mismas políticas que ellos emplearon en su momento.	***Muchas innovaciones importantes no están protegidas por la propiedad intelectual y, sin embargo, generan beneficios significativos***: estrategias de marketing efectivas que pueden impulsar el éxito de un producto o servicio, principios científicos fundamentales que conducen a avances en la tecnología y la medicina, y fórmulas matemáticas que sustentan el funcionamiento de diversas aplicaciones y sistemas.	La idea de que ***"todo es un remix***" sugiere que la creatividad y la innovación se basan en gran medida en la combinación y reutilización de ideas existentes. Al permitir que el conocimiento circule libremente, se facilita esta combinación y reutilización, lo que puede dar lugar a nuevas ideas y avances en diversas áreas.
La distinción entre descubrimientos no patentables e inventos patentables y los límites temporales de las patentes y los derechos de autor son arbitrarios.				

Fuente: Elaboración propia

En todo caso, en el siglo XXI es difícil hablar de originalidad y novedad porque casi se puede decir que "todo es un remix"[33]. Esta expresión se usa para explicar que nada surge de la generación espontánea, sino que todo, incluso esto que está leyendo, es fruto de dos cabezas en las cuales han intervenido una multitud de factores –educación, lecturas, formación jurídica y hasta gustos artísticos– que influyen en el resultado, en nuestro ánimo y en nuestra creatividad[34]. Y es que la mayoría de las creaciones son el resultado de la imitación o "inspiración" –consciente o inconsciente– de algo anterior y ello, salvo que se haga violando los derechos de otro, es lícito. Ya lo decía un poeta famoso: "Los poetas inmaduros imitan; los poetas maduros roban; los malos estropean lo que roban, y los buenos lo convierten en algo mejor"[35].

Los autores de este estudio creemos que defensores y detractores deben sentarse a conversar porque cada bando tiene algo de razón. Una profesora estadounidense explica su preocupación por la propiedad intelectual de la siguiente forma:

> "Se me viene a la mente una historia que se cuenta a los estudiantes de medicina para ilustrar el funcionamiento de una mente insana. Un hombre sale de su casa cada día, recoge su periódico y luego deja caer una gran roca sobre su pie. ¿Por qué repetiría esta dolorosa actividad día tras día? Porque cree que le beneficia. Con los derechos de propiedad intelectual, nos infligimos un poco de dolor en la esperanza de lograr un beneficio a largo plazo. Sin

---

33 "Everything is a Remix" (Todo es un remix) es una serie de documentales creada por Kirby Ferguson que explora la naturaleza de la creatividad y cómo la cultura se construye a través de la combinación, transformación y reutilización de ideas y contenidos existentes. YouTube: https://www.facebook.com/watch/?v=409552413191753.

34 Tobón, Natalia (2021). "Apuntes sobre la licitud de la copia." *Revista Iberoamericana De La Propiedad Intelectual,* (15), 127-160. https://doi.org/10.26422/RIPI.2021.1500.tob p. 128

35 Argentina, Periódico "La Nación", diciembre 11 de 2016. En: https://www.lanacion.com.ar/cultura/el-criticoel-arte-de-la-copia-daniel-molina-para-la-nacion-nid1965906. Recuperado agosto 25 de 2020.

> embargo, el tamaño de la roca está llegando rápidamente al punto en el que pasa de ser un dolor a corto plazo a ser pura locura"[36].

3. POR UN BALANCE ENTRE LOS DERECHOS DE LOS CREADORES Y UNA CONTRIBUCIÓN A LA SOCIEDAD

Si se observa bien, la mayoría de las críticas son contra el sistema de patentes y de derecho de autor y no contra la propiedad intelectual en general. Incluso hay quienes sostienen que hay que mirar figura por figura de la PI pues existen "distinciones que podrían resultar muy importantes al evaluar la conveniencia de determinadas prácticas o instituciones. Por ejemplo, muchas personas que aceptarían de buen grado la protección de marcas comerciales, las indicaciones geográficas o los secretos comerciales, como algo perfectamente legítimo y de vital importancia en una economía capitalista moderna, podrían no obstante oponerse a las patentes de invención por constituir un privilegio monopólico"[37]

---

[36] Robin Feldman, *Intellectual Property Wrongs*, 18 *Stanford Journal of Law, Business & Finance* 250 (2013), p. 318.
Disponible en: https://repository.uchastings.edu/faculty_scholarship/.

[37] "La marca comercial (o "marca registrada") es un signo que distingue los productos de un fabricante de los de otro. La marca se inscribe en un registro estatal y concede a su propietario el uso exclusivo de la misma. Esto garantiza la procedencia del producto avalado por la marca, lo cual tiene dos efectos económicos importantes: (1) permite a los consumidores comprar con más certidumbre, ya que los propietarios de marcas conocidas tendrán incentivos para proteger el valor económico de las mismas manteniendo estándares de calidad para sus productos; y (2) protege al fabricante de falsificadores que tratan de vender sus propios productos aprovechándose de la buena reputación de marcas renombradas. Al constituir una usurpación del buen nombre del propietario legítimo de la marca, tales falsificaciones son castigadas por la ley. La diferencia entre una marca y una patente es que la marca identifica el origen de una mercancía, pero no prohíbe la fabricación de productos similares (o incluso idénticos), y por tanto no tiene el carácter

o al derecho de autor, por supuestamente atentar contra el derecho al acceso a la cultura.

Sea cual sea la figura que se escoja para explotar los intangibles la temporalidad de la protección es clave. Aunque siempre se cita a Thomas Jefferson y su presunta animadversión hacia las patentes, parece ser que este personaje no era tan radical y que eventualmente aceptó que el progreso en las ciencias y artes podría lograrse asegurando temporalmente derechos exclusivos para escritos y descubrimientos originales. De hecho, en 1807 escribió: "si bien un inventor merece los beneficios de una invención por un cierto tiempo, es igualmente cierto que no debe ser perpetuo: importunar a la sociedad con monopolios para cada utensilio existente y en todos los detalles de la vida, les resultaría más perjudicial que si los supuestos inventores nunca hubieran existido"[38]. Su convicción fue tal que llegó a desempeñarse como el director de la oficina de patentes de Estados Unidos, asegurando el be-

monopólico de la patente. (Si decido fabricar y vender whisky marca "Chivas Regal", estaría violando la ley, pero eso no quiere decir que no puedo fabricar y vender whisky, siempre que no le ponga una marca registrada que no sea de mi propiedad). La existencia de una patente, en cambio, me impide producir y vender el artículo patentado". Cole, Julio. "¿Se justifican las patentes en una economía libre?" *Revista Themis,* no. 38, 2018, p. 316..

38 Cole Julio. ¿Se justifican las patentes en una economía libre? Revista Themis 38, p.315-317 citando a Meier, H. A. "Thomas Jefferson and democratic technology." En: Pursell, C. W. (ed.), *Technology in America.* MIT Press, 1990, pp. 17-33. Allí relata que Benjamin Franklin rechazó el ofrecimiento de una patente a su favor por la invención de su famosa estufa diciendo: "…así como disfrutamos de muchas ventajas de los inventos de otros, deberíamos con gusto aprovechar la oportunidad de servir a otros mediante cualquier invención nuestra; y deberíamos hacerlo libre y generosamente".

neficio de todas las partes interesadas al revisar cada una de las solicitudes de patentamiento presentadas[39].

El Juez Alex Kozinski ilustró esta situación de la siguiente forma:

> "La propiedad privada proporciona un incentivo para la inversión y la innovación; estimula el florecimiento de nuestra cultura y protege los derechos morales de las personas sobre los frutos de su trabajo. Sin embargo, sobreproteger la propiedad intelectual es tan perjudicial como no protegerla lo suficiente. La creatividad es imposible sin un rico dominio público. Nada de lo que existe hoy, probablemente nada desde que domesticamos el fuego, es genuinamente nuevo: la cultura, al igual que la ciencia y la tecnología, crece por acumulación, cada nuevo creador se basa en las obras de quienes vinieron antes. La sobreprotección sofoca las fuerzas creativas que se supone debe nutrir"[40].

Agregaba este juez del estado de California, hablando de las películas de Hollywood, lo que sigue[41]:

---

[39] "Jefferson, que llamaba a la Oficina [de patentes] "la Junta de Artes", se enorgullecía de este deber y consideraba personalmente cada solicitud de patente presentada entre 1790 y 1793. Esperaba ser lo más justo posible en la administración de las patentes e intentar desarrollar un sistema que funcionara en beneficio de todos, tanto de los inventores como del hombre común." Jewett Thomas. "Father of Invention". [Consultado el 10 de septiembre de 2023]. Disponible en: https://www.varsitytutors.com/earlyamerica/jefferson-primer/father-invention#:~:text=As%20Secretary%20of%20State%2C%20Jefferson,any%20other%20American%20in%20history.

[40] Alex Kozinski es un abogado y juez retirado del Noveno Circuito de la Corte de Apelaciones de los Estados Unidos. "Vanna White V. Samsung Electronics". United States Court Of Appeals for the Ninth Circuit, 989 F.2d 1512, law2.umkc.edu. March 18, 1993.

[41] Precisamente Hollywood nació de la llamada "guerra de las patentes". A principios del siglo XX existía una lucha por el control de la explotación del cine. Thomas Edison, que se inventó el Kinetoscopio, quería tener todo el control sobre la industria cinematográfica e inició más de 500 procesos judiciales para hacerse con el control de toda la industria. Los autores independientes se negaban a pagar las tarifas de las licencias de uso de las cámaras, de la película virgen y de los proyec-

> "Para bien o para mal, somos la Corte de Apelaciones para el Circuito de Hollywood. Millones de personas trabajan bajo la sombra de las leyes que creamos, y gran parte de su sustento es posible gracias a la existencia de los derechos de propiedad intelectual. Pero también gran parte de su sustento, y mucha de la vitalidad de nuestra cultura, depende de la existencia de otros derechos intangibles: el derecho a extraer ideas de un dominio público rico y variado, y el derecho a burlarse, con fines de lucro y diversión, de los íconos culturales de nuestro tiempo".

La creatividad es imposible sin la información que se encuentra en el domino público. Por eso hay que buscar un equilibrio entre el reconocimiento que se le otorga al artista e inventor para que se sienta motivado a crear más y mejores obras e invenciones, y el interés de la humanidad en que se difunda ese conocimiento. Ese equilibrio sólo se logra cuando se entiende que las leyes deben favorecer a la colectividad y no exclusivamente a determinados grupos o actores económicos.

La evolución del derecho de la competencia en Colombia es un ejemplo de ese esfuerzo por ponderar el interés de la colectividad y el de los actores económicos. Hace décadas se pensaba que el derecho de la competencia tenía por objeto amparar exclusivamente al comerciante –modelo profesional–, pero hoy se considera que sus normas están dirigidas a proteger no sólo los intereses de los competidores, sino también el buen funcionamiento del mercado y los derechos de los consumidores, combinación que se conoce como el modelo social[42].

---

tores. Crearon la General Film Company y trasladaron los estudios al oeste, donde acabaría naciendo Hollywood y el clima, los terrenos y los bosques los dejaban trabajar. Intef. "El cine como recurso didáctico. Módulo 1a–Historia del cine: Antecedentes. Estados Unidos: la 'guerra de las patentes'." Disponible en:
http://www.ite.educacion.es/formacion/materiales/24/cd/m1_1/estados_unidos_la_guerra_de_las_patentes.html

42 Jaeckel Kovacs Jorge. "Apuntes sobre competencia desleal". [consultado 5 de nov. 2005] Disponible en <https://centrocedec.files.wordpress.

Ante ciertos comportamientos o prácticas que están más allá de los límites aceptables en el ejercicio de los derechos de propiedad intelectual los autores de esta obra proponemos que se aplique la *doctrina del uso inapropiado de la propiedad intelectual* que idearon algunos profesores estadounidenses[43]. La misma contempla la posibilidad de sancionar a los titulares de derechos de propiedad intelectual cuando utilizan su posición para evitar el cumplimiento de obligaciones legales tales como el pago de impuestos o el cumplimiento de normativas específicas. También se aplica cuando los titulares de derechos de propiedad intelectual acosan a sus competidores mediante la imposición de restricciones indebidas o el uso de tácticas intimidatorias, la fijación de precios o la exclusión de competidores del mercado de manera ilegítima. Es más, también opera en los casos en que se pretende silenciar la crítica pública usando los derechos de propiedad intelectual para evitar críticas negativas como ocurre, por ejemplo, cuando empresa alega la existencia de sus derechos para evitar que otros publiquen críticas negativas sobre sus productos. En resumen, esta doctrina busca evitar que los titulares de derechos de propiedad intelectual abusen de su posición para obtener ventajas injustas o perjudicar a otros actores del mercado.

Aunque esta doctrina pertenece a un sistema jurídico de una tradición legal ajena al derecho colombiano, su aplicación podría llevarse a cabo utilizando figuras ya reconocidas por la normativa nacional, como las normas que prohíben el abuso del derecho[44].

---

com/2011/07/1–apuntes–sobre–competencia–desleal–jjk.doc>. También ver Colombia, Superintendencia de Industria y Comercio, Resolución 11090, abril 29/03.

43 Robin Feldman, *Intellectual Property Wrongs*, 18 *Stanford Journal of Law, Business & Finance* 250 (2013), p. 307
Disponible en: https://repository.uchastings.edu/faculty_scholarship/.

44 Véanse los artículos 95 de la Constitución Política de 1991, 1002 del Código Civil y 830 del Código de Comercio de Colombia.

Gráfico 8. Doctrina del uso inapropiado de la propiedad intelectual

Fuente: Elaboración propia

Se nos ocurren algunas propuestas. Por ejemplo, en el área del derecho de autor, se puede aplicar el término *lege lata* (cambio en la interpretación de la ley existente) y el término *lege ferenda* (reforma normativa) para evitar que, a través de los contratos de licencia o cesión de derechos patrimoniales de autor, una de las partes imponga a la otra todas las condiciones de la contratación. La idea es lograr que se produzcan contratos verdaderamente conmutativos y equilibrados, a cambio de una contraprestación justa. En concreto se puede acudir por analogía a criterios tales como el "justiprecio" y la "lesión enorme" así:

> "Ante la inexistencia de un criterio para determinar cuándo puede afectarse la seguridad social de un autor con la transferencia de sus derechos patrimoniales, se propone acudir a los principios generales del derecho, particularmente al principio de justicia, que establece el deber de asignar a cada ciudadano "lo que le corresponde". En los negocios jurídicos traslaticios de dominio, el principio de justicia se materializa usualmente bajo el derecho de contar con un precio justo ("justiprecio"), como una forma de limitar la libertad de contratación de las partes, quienes siguen contando con un amplio margen de negociación, pero no pueden pactar un precio injusto respecto del valor real del derecho patrimonial transferido.

Así, la propuesta hace uso de la *analogía legis* (artículo 8, Ley 153 de 1887), al retomar la redacción de la mayoría de escenarios en los que se ha adoptado la figura de la lesión enorme (...) y establecer que puede predicarse una afectación a los derechos a la seguridad social y al mínimo vital de los autores, cuando se pacte una contraprestación interior al 50% del valor real de los derechos patrimoniales objeto de transferencia"[45].

45 Sarmiento, Cristian. *Propiedad Intelectual: Aspectos contractuales de los derechos patrimoniales de autor.* Óp. cit. p. 345.

IV. Claroscuros[1] de la propiedad intelectual: Aplicación de la discusión propuesta en el estudio de casos

En el capítulo anterior mencionábamos la doctrina del uso inapropiado de la propiedad intelectual que idearon algunos profesores estadounidenses como un punto medio para abogar por la conservación de las reglas de PI, pero evitando los excesos de aquellos que utilizan sus derechos con fines perjudiciales, injustos e incluso ilegales[2].

A continuación, vamos a ver a algunos de los casos emblemáticos que han exacerbado o, mejor, les han dado argumentos a los detractores de la PI para criticar su existencia y alcance. Hablaremos del acceso a las vacunas para el COVID–19, el *evergreening*, las licencias obligatorias, los trols de patentes y otras historias con las que no pretendemos sentar cátedra sino invitar al lector a pensar y a investigar más sobre ellos.

1. LAS VACUNAS Y EL COVID–19

Durante la pandemia del COVID–19, la distribución desigual de las vacunas entre países ricos y pobres fue un desafío difícil

---

1 Claroscuro es una palabra proveniente del italiano *chiaroscuro* que se usa para referir una técnica de pintura que consiste en el uso de contrastes fuertes entre volúmenes, unos iluminados y otros ensombrecidos, para destacar algunos elementos.

2 Robin Feldman, *Intellectual Property Wrongs*, 18 *Stanford Journal of Law, Business & Finance* 250 (2013). p. 308.
Disponible en: https://repository.uchastings.edu/faculty_scholarship/1045

para la propiedad intelectual[3]. Esta disparidad no solo resultó en numerosas muertes, sino también en la continua propagación y mutación del virus durante un tiempo indefinido[4]. En 2021, mientras el 90 % de la población de casi 70 países de bajos ingresos tenía pocas posibilidades de acceder a la vacuna contra el COVID–19, naciones como Canadá contaban con suficientes dosis para vacunar a su población cinco veces[5]. La Organización Mundial de la Salud calificó esta situación como un "fracaso moral catastrófico", mientras que la discusión propuesta por India y Sudáfrica ante la OMC para ser eximidos de ciertas disposiciones del Acuerdo sobre los Aspectos de los Derechos de Propiedad Intelectual Relacionados con el Comercio ADPIC, con el fin de facilitarles el acceso a las vacunas, se prolongó durante dos años.

La OMC debatió el tema de la función social de la propiedad intelectual en un contexto de pandemia[6] y, aunque en teoría todos estuvieron de acuerdo en que era necesario proporcionar acceso oportuno y seguro a vacunas y medicamentos de alta ca-

---

3 Véase: Tatar, Moosa, et al. *COVID-19 vaccine inequality: A global perspective.* En Journal of Global Health. Octubre 14 de 2022. https://www.ncbi.nlm.nih.gov/pmc/articles/PMC9559176/ Consultado el 11 de marzo de 2024.

4 BBC, febrero 4 de 2021. https://www.bbc.com/mundo/noticias-55911364. Consultado el 25 de agosto de 2022.

5 BBC, febrero 4 de 2021. https://www.bbc.com/mundo/noticias-55911364. Consultado el 25 de agosto de 2022.

6 "... a la propiedad intelectual, como una tipología del derecho de propiedad contemplado en la Constitución, le resulta extensiva la cláusula de función social, la cual variará en su forma de manifestarse en atención a la especial naturaleza de aquella institución, pero que esta, en todo caso, le es aplicable con la finalidad de equilibrar el interés particular y el interés general que subyacen frente a este tipo especial de propiedad". Rendón, Santiago. "Extensión del concepto de función social a la propiedad intelectual." *Revista la Propiedad Inmaterial,* No. 34, diciembre de 2022, pp. 73-88.

lidad y asequibles para todos[7], en la vida real la respuesta fue considerada por muchos como insuficiente[8]. Específicamente en junio de 2022 la OMC aceptó una exención que "abarcaría las obligaciones previstas en cuatro Secciones del Acuerdo sobre los ADPIC: la Sección 1 (derecho de autor y derechos conexos), la Sección 4 (dibujos y modelos industriales), la Sección 5 (patentes) y la Sección 7 (protección de la información no divulgada). Se aplicaría durante un número determinado de años, que deberá acordar el Consejo General, y hasta generalizar la cobertura de la vacunación a nivel mundial y lograr que la mayoría de la población del mundo sea inmune. Los Miembros revisarían la exención anualmente hasta que quede sin efecto"[9].

En Colombia el *think tank* Dejusticia y el portal de opinión Razón Pública, criticaron esta decisión por varias razones, entre ellas porque impide a los países reexportar las vacunas que han importado lo cual "amenaza la capacidad de donar las dosis que no van a usar y pone en peligro la adquisición y distribución coordinada de vacunas"[10] y porque "sólo permite la producción de vacunas a países que la OMC cataloga como en desarrollo y que no representen más del 10 % de las exportaciones de vacunas a nivel mundial. Según estos criterios, China quedaría excluida pues representa más del 30 % de las exportaciones mundiales de vacunas contra el COVID–19. Suena contradictorio excluir al principal proveedor de vacunas de los países en desarrollo de un proceso

---

7 Organización Mundial del Comercio. Los Miembros examinan la solicitud de exención del Acuerdo sobre los ADPIC e intercambian opiniones sobre la función de la propiedad intelectual en un contexto de pandemia. https://www.wto.org/spanish/news_s/news21_s/trip_23feb21_s.htm

8 Dejusticia. Vacunas y desigualdad: la propuesta que discute la OMC no es suficiente. Junio 7 de 2022. https://www.dejusticia.org/vacunas-y-desigualdad-la-propuesta-que-discute-la-omc-no-es-suficiente/

9 Organización Mundial del Comercio. Los Miembros examinan la solicitud de exención...Op.Cit.

10 Dejusticia. Vacunas y desigualdad: Op. Cit.

que busca aumentar su producción y el suministro. Brasil también podría quedar por fuera dado que en 2019 solicitó a la OMC ser excluido de la lista de países en desarrollo. Otros 10 países africanos también quedarían fuera por no ser miembros de la OMC"[11].

También se consideró que el pronunciamiento era insuficiente, ya que no abordaba otras barreras derivadas de acuerdos bilaterales o multilaterales. En efecto, el *waiver* en cuestión estaba específicamente relacionado con las restricciones de los ADPIC. Sin embargo, muchos países, incluyendo Colombia, han aceptado disposiciones mucho más restrictivas (los llamados ADPIC–Plus) a través de Tratados de Libre Comercio (TLC) y Acuerdos Internacionales de Inversión (AII) o Tratados Bilaterales de Inversión (TBI). La implementación del *waiver* podría verse frustrada si los países miembros de la OMC se enfrentan a barreras establecidas en otros acuerdos que los obligan a renunciar a su implementación debido al riesgo de ser demandados[12]. Solamente en Colombia y los países de la Comunidad Andina, cabría preguntarse sobre las dificultades de aplicar el *waiver* en relación con los derechos conferidos por la Decisión 486 que, pese a ser fruto de los ADPIC, no incluye una directa referencia que permita aplicar directamente medidas como el *waiver*, teniendo en cuenta que su ideal no es contribuir al desarrollo global, sino al de los países miembros de la Comunidad Andina[13].

---

11 Dejusticia. Vacunas y desigualdad: Op. Cit.

12 Dejusticia. Vacunas y desigualdad: Op. Cit.

13 "En el Acuerdo de Cartagena, que como se sabe es un Acuerdo subregional de integración, las cláusulas de Trato Nacional y de Más Favor fueron expresamente establecidas en los artículos 74 y 155, respectivamente. La regulación normativa de estos principios en el propio Tratado hace que su contenido y alcance no pueda ser modificado, para ampliarlo o restringirlo, sino por virtud de reforma al Tratado en el que se consigna dicha regulación. Hacer aplicable o extensivo a otros países de fuera de la subregión los beneficios que se otorgan entre sí los Países Miembros de la Comunidad Andina constituye una opción política y legislativa que sólo puede adoptarse mediante tratado público reforma-

De otro lado, la Decisión de la OMC "autoriza los usos requeridos para la producción y el suministro de vacunas en la medida necesaria para confrontar la pandemia provocada por la COVID–19, lo cual podría implicar que los países pasen un 'test de necesidad' para justificar la relación entre la expedición de la licencia y los objetivos de salud pública perseguidos"[14]. Inclusive se advirtió que la decisión cobija "solamente a los países en vías de desarrollo y, por tanto, exime a los países desarrollados de contribuir a satisfacer la demanda global de vacunas"[15]. Otras críticas fueron que solo se "refiere al derecho de patentes, deja de lado otros aspectos de la propiedad intelectual como los secretos industriales" [16]; "se limita a las vacunas contra la COVID–19, pese que los países en desarrollo enfrentan o tendrán que enfrentar otras enfermedades como la viruela del mono" [17].

Razón Pública, un medio de comunicación colombiano, explicó que el proceso de producción de vacunas es altamente técnico y requiere conocimientos especializados que pueden no coincidir necesariamente con la información revelada para obtener una patente. Por lo tanto, para aumentar el suministro global de vacunas, es crucial tomar medidas relacionadas con la transferencia de tecnología, los datos de prueba, y la divulgación de información, aspectos que no fueron abordados en esta decisión[18].

---

torio de las normas del Acuerdo de Cartagena". Tribunal de Justicia de la Comunidad Andina. Proceso 14-AN-2001.

14 Razón Pública. Para saber en serio lo que pasa en Colombia. "Lo bueno y lo malo de la decisión de la OMC sobre patentes y vacunas COVID-19". Enrique Prieto Ríos–Rene Ureña–Rafael Tamayo junio 26 de 2022. https://razonpublica.com/lo-bueno-lo-malo-la-decision-la-omc-patentes-vacunas-covid-19/

15 Razón Pública. Para saber en serio lo que pasa en Colombia. Op. Cit.

16 *Ibídem.*

17 *Ibídem.*

18 Razón Pública. Para saber en serio lo que pasa en Colombia. Op. Cit.

Dicho medio de comunicación concluyó que "la OMC perdió una oportunidad valiosa para garantizar el acceso equitativo a las vacunas basándose en criterios de solidaridad internacional. El derecho a la salud no debería estar supeditado a los intereses comerciales"[19]. Según ellos debería existir la obligación de hacer una intersección entre distintas áreas del conocimiento (i.e. la salud, el comercio y la propiedad intelectual), como se ha reconocido desde hace años por organizaciones internacionales de la talla de la OMPI, la OMS y la OMC[20], quienes han centrado sus esfuerzos, en algunas ocasiones, por buscar la posición óptima en la que se protejan los derechos de los interesados, generando una maximización en el bienestar (en términos económicos, buscando el óptimo de Kaldor–Hicks[21]).

Muchos se preguntaron durante la pandemia sobre la razón por la cual no se aplicaron las licencias obligatorias por razones de interés público, de emergencia, o de seguridad nacional previstas en la Decisión 486 de 2000 de la Comunidad Andina. Son diversos los requisitos para aplicar estas licencias y la mayoría de ellos exige un riguroso trabajo de interpretación: ¿Cuándo se puede decir que hay falta de explotación de una patente?, ¿qué situación

---

19 *Ibídem.*

20 Véase: OMPI, OMC y OMS. *Promover el acceso a las tecnologías médicas y la innovación – Intersecciones entre la salud pública, la propiedad intelectual y el comercio.* 2021. Segunda edición.

21 "Para que un sistema de propiedad intelectual funcione de manera eficiente, se deben tener en cuenta los intereses de una amplia gama de partes, como las empresas de reciente creación, las instituciones de I+D (tanto públicas como privadas), las universidades y las corporaciones, así como los intereses de los financiadores (públicos o privados) y de la sociedad en general, incluidos los pacientes, que son en última instancia quienes se benefician de las innovaciones que responden a sus necesidades. A fin de lograr ese delicado equilibrio, cada país puede adaptar su régimen nacional de propiedad intelectual a sus necesidades y circunstancias particulares, por ejemplo, haciendo uso de las flexibilidades previstas en el Acuerdo sobre los ADPIC." *Ibídem.*

puede ser de interés público, emergencia o riesgo para seguridad nacional? ¿Cómo se determina el monto de la remuneración económica? Si bien el Tribunal de Justicia de la Comunidad Andina ha buscado dar luz en relación con estos criterios[22], es claro que la aplicación de esta norma implica llevar a cabo múltiples pasos que, en principio, buscan la defensa del derecho de propiedad industrial otorgado, pero que no deberían constituirse en un impedimento para el correcto acceso por parte de la población, sobre todo cuando la salud pública está en juego.

Precisamente por esto algunos críticos han dicho que "las licencias obligatorias no son una solución óptima para afrontar emergencias sanitarias globales porque están sujetas a un procedimiento engorroso que implica negociar con el titular de una patente en cada país y por cada producto. Adicionalmente, la industria farmacéutica suele oponerse a las iniciativas que buscan expedir licencias obligatorias, las presiones diplomáticas hacen que los titulares tengan ventaja –como en el caso del Reporte 301 empleado por el gobierno estadunidense[23]– y las exportaciones

---

22 Véase: Tribunal de Justicia de la Comunidad Andina. *Proceso 144-IP-2019.* 16 de marzo de 2021.

23 "Cada año, la Oficina del Representante de Comercio de los Estados Unidos (USTR) lleva a cabo una revisión para identificar los países que niegan una protección adecuada y efectiva de los derechos de propiedad intelectual (PI) o niegan el acceso justo y equitativo al mercado a personas estadounidenses que dependen de la protección de la propiedad intelectual. Con base en esta revisión, el Representante Comercial de EE. UU. determina cuál de estos países, si corresponde, se identificará como Países Extranjeros Prioritarios o se colocará en la Lista de Vigilancia Prioritaria o la Lista de Vigilancia." Traducción propia. Office of the United States *Trade Representative. Public Hearing Regarding the 2024 Special 301 Review.* 16 de febrero de 2024. Consultado el 11 de marzo de 2024. Disponible en: https://ustr.gov/about-us/policy-offices/press-office/press-releases/2024/february/public-hearing-regarding-2024-special-301-review

al amparo de una licencia obligatoria son restringidas[24], lo cual dificulta la consecución de economías de escala en las cadenas globales de producción y suministro"[25].

Pero no todo fueron fracasos. Durante la pandemia se mostró que se puede gestionar el portafolio de propiedad intelectual en beneficio de todos. El caso de Medtronic (Medical Technology, Services & Solutions Global), citado por Andrés Rincón, abogado colombiano, en un Seminario Virtual de ASIPI del año 2020[26], se presenta como una solución original al problema de la falta de insumos médicos. Medtronic es una empresa dedicada a desarrollar equipos médicos, principalmente de respiradores artificiales. Desde 2010 desarrolló un ventilador que tiene una característica bastante importante en tiempos de pandemia y es que es portátil: el Ventilador Medtronic Puritan Bennett PB560. La empresa, inmediatamente después de la declaración por pandemia por parte de la OMS, puso a disposición del público los planos y especificaciones técnicas detalladas que facilitaban la reproducción de su ventilador,

---

24 Cabe precisar, sin embargo, que el Reporte 301, para el 2024, ha matizado su perspectiva respecto de las licencias obligatorias en los aliados comerciales de Estados Unidos, atendiendo a la regulación y acuerdos adelantados ante la OMC, en virtud del acuerdo sobre los ADPIC. Tanto así, que expresamente el Gobierno de los Estados Unidos precisó: "Estados Unidos respeta los derechos de sus socios comerciales de conceder licencias obligatorias, de conformidad con las disposiciones del Acuerdo de la OMC sobre los Aspectos de Propiedad Intelectual Relacionados con el Comercio (Acuerdo ADPIC) y la Declaración de Doha. Estados Unidos también reconoce que el Acuerdo sobre los ADPIC prevé flexibilidades adicionales en emergencias de salud pública y otras circunstancias de extrema urgencia en el territorio de un Miembro." Traducción propia. Office of the United States Trade Representative. *2024 Special 301 Report.* Abril de 2024. Consultado el 10 de junio de 2024. Disponible en: https://ustr.gov/sites/default/files/2024%20Special%20301%20Report.pdf

25 Razón Pública. Para saber en serio lo que pasa en Colombia. Op. Cit.

26 www.asipi.org/Biblioteca

lo cual cayó muy bien alrededor del mundo porque evidentemente facilitó el acceso a la tecnología. La compañía no solo proporcionó la información, sino también el acompañamiento para que los dispositivos médicos que se fabricasen tuvieran la calidad requerida y la compañía pudiera certificar que ese ventilador va a cumplir la misma función que cumpliría un ventilador de Medtronic. Se trató de un acceso controlado. En la práctica ¿qué le permitió esa estrategia a la compañía? Una asociación con Foxconn para incrementar la producción del ventilador que explicaron así[27]:

> "Ninguna empresa individual puede satisfacer las demandas actuales de ventiladores que son cruciales en la lucha contra el COVID-19. Al unirnos con Foxconn, aumentamos de inmediato nuestra capacidad de producción para enfrentar la mayor demanda y creamos un modelo de fabricación flexible para nosotros. Juntos podemos aumentar el suministro de ventiladores y ayudar a más pacientes y profesionales de la salud de lo que cualquier empresa podría hacer sola".

Según Rincón, este es un clarísimo ejemplo de transferencia de tecnología en pro de la atención de los pacientes que permitió multiplicar la capacidad de producción de una compañía, pese a haber hecho una apertura voluntaria de esa información.

De esta forma, ante situaciones de emergencia sanitaria como la generada con la pandemia COVID-19, los estados y los titulares de derechos de propiedad intelectual deben recordar que la propiedad intelectual tiene una función social y ecológica que, más allá del concepto de dominio público (al final del término de la protección), tiene que reflejarse en acciones legales (ej. licencias obligatorias, permisión de explotación de invenciones patentadas, uso de obras protegidas por el derecho de autor...) y extralegales (licenciamiento voluntario para la explotación de los distintos derechos de propiedad intelectual) que contribuyan a la superación de tales situaciones.

---

27 *Ibídem.*

2. *EVERGREENING* DE LAS PATENTES Y DERECHOS DE AUTOR

Evergreening es una expresión que se usa para referirse a todas las estrategias que adoptan los titulares de derechos de propiedad intelectual para alargar la vida de sus intangibles hasta volverlos perennes[28]. En español, a esta expresión también se le ha denominado como perennidad, o reverdecimiento, en este caso, de los derechos de propiedad intelectual.

Si bien esta estrategia se puede presentar en todas las ramas de la propiedad intelectual, es particularmente usada para extender la protección de las patentes y el derecho de autor. En el caso de las patentes, el *evergreening* logra que se extienda el plazo de las patentes que están a punto de caducar, entre otras, agregando algunas modificaciones, más o menos relevantes, a la invención original[29].

---

28 Véase Conde Gutiérrez, C. & Consuegra Pacheco, S. (2015, 8 de julio). Un problema de acceso a medicamentos: El caso Imatinib (Glivec) en Colombia. Innovación y emprendimiento. Recuperado de https://propintel.uexternado.edu.co/un-problema-de-acceso-a-medicamentos-el-caso-imatinib-glivec-en-colombia/. En este artículo del Departamento de Propiedad Intelectual de la Universidad Externado de Colombia se compara el fallo proferido por la Corte Suprema de Justicia de la India en el año 2013 mediante el cual se niega una patente sobre la versión Cristalina Beta del Imatinib o Cristal Beta de Imatinib, con el fallo del Consejo de Estado de Colombia de 2012, donde se reconoce altura inventiva al mismo producto. En el primer caso (India) se optó por beneficiar a la población que requería acceder a medicamentos a bajo costo mientras que en el segundo (Colombia), se optó por apoyar la innovación.

29 "Como cualquier aspirante a inventor sabe, crear algo nunca antes visto en el mundo puede ser difícil. Por otro lado, hacer pequeñas modificaciones a algo antiguo y llamarlo nuevo resulta considerablemente más sencillo. En el ámbito farmacéutico, cuando las compañías de marcas patentan nuevas invenciones que en realidad son solo ligeras modificaciones de fármacos antiguos, se le llama "extensión de la patente" (evergreening, en inglés). Y es una práctica que, según algunos investigadores, no está contribuyendo mucho a mejorar la salud de las

Un ejemplo de esta situación se presenta en relación con la patentabilidad de los polimorfos. De acuerdo con el TJCA, "un compuesto polimórfico es aquél que por sus propiedades puede sufrir transformaciones y revestir formas alternativas a pesar de estar constituido por el mismo tipo de moléculas"[30]. Uno de los casos más sonados en torno a la protección de polimorfos[31] puede ser el de la patente de Imatinib[32]. Allí se intentó obtener protección sobre la forma cristalina de una molécula que ya había sido patentada en forma de sal y, mientras la Superintendencia de Industria y Comercio de Colombia consideró que la invención no cumplía con el "esfuerzo técnico" requerido, el Consejo de Estado revocó esa decisión[33]. Ante esta si-

---

personas. Típicamente, cuando se realiza una extensión de la patente, no se busca una ventaja terapéutica significativa. Se busca una ventaja económica para la compañía", dice el Dr. Joel Lexchin, profesor en la Escuela de Política y Gestión de Salud de la Universidad de York en Toronto, Ontario. La respuesta del lado de las marcas es que están tratando de proteger sus mercados para poder invertir más en investigación y desarrollo. Aunque realicen modificaciones a un fármaco, los médicos aún pueden recetar la versión genérica del producto más antiguo. Dicho esto, las compañías de marcas invierten una gran cantidad de dinero en la promoción de la versión más nueva, y esa promoción está diseñada para influir en las decisiones de los médicos". Collier, R. (2013). Drug Patents: The Evergreening Problem. CMAJ, 185(9), E379-E380. https://doi.org/10.1503/cmaj.109-4466

30 Véase: Tribunal de Justicia de la Comunidad Andina. Proceso 282-IP-2021.

31 Al respecto, véase la Resolución 2475 del 14 de junio de 2016, disponible en: https://www.minsalud.gov.co/sites/rid/Lists/BibliotecaDigital/ride/de/dij/Resolucion-2475-de-2016.pdf

32 Véase: Superintendencia de Industria y Comercio. Expediente No. 9838983. También, véase Consejo de Estado. Expediente 11001-03-24-000-2003-00508-01.

33 Al respecto, Díaz, Guevara, Lamprea y Lizarazo señalaron: "El análisis muestra que la SIC en su negación de la solicitud desestimó el reconocer el "esfuerzo técnico" que requiere la obtención de un polimorfo, y el CE, por su parte, inclinado por el concepto de los dos expertos que actuaron como testigo y perito, solo se enfocó en el esfuerzo técnico, entendido como la necesidad de experimentación, pero no valoró el

tuación, desde la doctrina se ha precisado una preocupación por la realización de exámenes de patentamiento juiciosos que concedan el derecho sobre invenciones que cumplan todos los requisitos y no afecten indebidamente derechos de terceros:

> "El aumento en el número de solicitudes de patente en Colombia, así como el aumento en la tasa de concesión y la complejidad técnica del tema, abre la discusión sobre cuáles deben ser los mecanismos de control y las instancias más idóneas en vía administrativa y en vía judicial para salvaguardar el cumplimiento de los requisitos de patentabilidad, la calidad y el rigor durante el examen, la concesión y negación de patentes, y su revisión judicial, de manera que no se afecten indebidamente la libre competencia y derechos fundamentales de los ciudadanos, tales como la salud, a la vez que se proteja la propiedad intelectual adecuadamente, cuando corresponda"[34].

En el caso del derecho de autor, el *evergreening* ocurre cuando el titular del derecho busca a toda costa la ampliación del período de protección. Esto sucede usualmente cuando el titular es una persona jurídica[35] que realiza modificaciones sobre una obra protegida hasta crear una obra derivada que cuente con un término de protección extendido en el tiempo. Es el caso de Disney con Mickey Mouse, cuya primera aparición en el cortometraje "Steamboat Willie" que muestra la imagen, hizo que el personaje pasara

---

requisito de patentabilidad del nivel inventivo de la forma polimórfica, específicamente si el esfuerzo técnico logra un efecto sorprendente e inesperado". Díaz-Pinilla, L. F., Guevara, R., Lamprea, N. y Lizarazo-Cortés, Ó. Caso Imatinib: análisis técnico y jurídico del trámite de patente en Colombia. Revista La Propiedad Inmaterial n.º 22, Universidad Externado de Colombia, julio-diciembre 2016, pp. 141-172. doi: http://dx.doi.org/10.18601/16571959.n22.08.

34 *Ibídem*. p. 170.

35 En Colombia y la mayoría de países del mundo, el término de protección del derecho de autor cambia según el titular del derecho. A las personas naturales se otorga usualmente una mayor protección (ej. 80 años posteriores a la muerte del autor en Colombia) que a las jurídicas (ej. 70 años posteriores a la publicación de la obra, en Colombia).

al dominio público en el año 2024[36]. Sin embargo, lo que pasó al dominio público fue ese personaje concreto y no el que aparece en las obras posteriores[37].

Ilustración 2. Mickey Mouse en Steamboat Willie

Fuente: ULABY, N. 'Steamboat Willie' is now in the public domain. What does that mean for Mickey Mouse?

---

36 Wired. (2024, 2 de enero). La primera versión de Mickey Mouse ahora es de dominio público. Recuperado de https://es.wired.com/articulos/la-primera-version-de-mickey-mouse-ahora-es-de-dominio-publico

37 "Eso significa que sólo se puede reutilizar creativamente el Mickey Mouse de Steamboat Willie. No el Mickey Mouse de la película de 1940 Fantasía. Ni el de Mickey Mouse Clubhouse, un programa infantil que se emitió en Disney Channel durante una década a partir de 2006. Las nuevas versiones de Mickey Mouse siguen estando protegidas por derechos de autor. Los derechos de autor se aplican a personajes creativos, películas, libros, obras de teatro, canciones y mucho más." (traducción propia) ULABY, N. 'Steamboat Willie' is now in the public domain. What does that mean for Mickey Mouse? En: NPR. Consulado el 7 de enero de 2024. Disponible en: https://www.npr.org/2024/01/01/1221606624/mickey-mouse-public-domain-disney

El segundo caso de *evergreening* en el derecho de autor se presenta cuando los Estados deciden adoptar una política para extender el término de protección del derecho de autor sobre las obras protegidas, impulsados usualmente por el *lobby* de las grandes empresas titulares de derechos de autor. Esto se permite tras una lectura del artículo 18 del Convenio de Berna, que acepta otorgar una protección más amplia sobre obras que no hayan pasado al dominio público. En los Estados Unidos, la ampliación en el plazo de protección en favor de personas naturales y jurídicas ha sido una constante, pasando por extensiones en los años 1909 y 1976, para llegar a la *Copyright Term Extensión Act* de 1998[38], llamada por muchos la *Mickey Mouse Protection Act*[39]. En Colombia, este tipo de extensiones también han sido usuales tratándose de la protección en favor de personas jurídicas; así, se pasó de un periodo de 30 años en la Ley 23 de 1982, 50 años a partir de la Decisión 351 de 1993, para finalizar con un periodo de 70 años posteriores a la publicación de la obra, en virtud de la Ley 1915 de 2018.

Como se observa, el *evergreening* impide que se cumpla el principio de la temporalidad, que es la columna vertebral de la protección especial de la propiedad intelectual, que la diferencia de la propiedad común, y que está contemplado en el artículo 61 de la Constitución de Colombia, norma según la cual "[E]l Estado protegerá la propiedad intelectual por el tiempo y mediante las formalidades que establezca la ley. Esto significa que, con posterioridad al vencimiento

---

38 Véase: Corte Suprema de los Estados Unidos. Eldred V. Ashcroft, 537 U.S. 186 (2003).

39 "Con el respaldo de las demás grandes empresas, Disney consiguió que se aprobara la ley y, en consecuencia, el logotipo oficial de Disney quedó protegido hasta 2023. Lawrence Lessig, profesor de derecho de Stanford, bautizó esta ley como "Mickey Mouse Protection Act" [Ley de protección de Mickey Mouse], debido a la evidente motivación que había detrás de su aprobación." Traducción priopia. O'Rourke, K. "*'Let It Go': Disney's New Approach to Copyright Enforcement.*" University of Dayton. Line by Line: A Journal of Beginning Student Writing: Vol. 2. 2016.

de una patente o del derecho patrimonial de autor, por ejemplo, la invención y la obra pasan a enriquecer el dominio público, donde cualquier persona puede usarlas sin pagar contraprestación"[40].

Así las cosas, si bien el *evergreening* es una situación comprensible desde el punto de vista de los negocios –ordeñar la vaca lo máximo posible–, lo cierto es que va contra la racionalidad de propiedad intelectual y puede presentarse como un abuso de los derechos conferidos por la normativa nacional e internacional sobre la materia.

3. ¿QUIÉN QUIERE DERECHOS DE AUTOR SOBRE UN SOFTWARE DURANTE 80 AÑOS?

Empecemos por afirmar que, en Colombia, como en la mayoría de los países[41], el *software* se protege mediante el derecho de autor. ¿Es razonable proteger el *software* como una obra literaria? ¿Se justifica tener un derecho a explotar el *software* mínimo durante 70 años? Para muchos la respuesta es negativa,[42] porque las obras literarias, si bien pueden ser todo tipo de creaciones escritas originales (literarias, científicas, técnicas, etc.)[43] tienen valor por

---

40 Gómez Segade, J. *El secreto industrial (know how): concepto y protección.* Madrid: Editorial Tecnos, 1974, p. 188.

41 Dos normas del sistema internacional establecen que el software es protegido por el derecho de autor como si se tratara de una obra literaria. Puntualmente el artículo 10 del acuerdo sobre los ADPIC de 1994 precisa que "los programas de ordenador, sean programas fuente o programas objeto, serán protegidos como obras literarias en virtud del Convenio de Berna", criterio reiterado en el Tratado de la OMPI sobre derecho de autor de 1996 que establece en su artículo 4 que "los programas de ordenador están protegidos como obras literarias en el marco de lo dispuesto en el Artículo 2 del Convenio de Berna."

42 Modica Bareiro, A. (2019). Protección jurídica de las ideas (Tesis doctoral). Facultad de Derecho, Universidad Austral. Publicación especializada ASIPI, p. 55.

43 Ibídem, p. 56.

su contenido escrito, mientras que el *software* va más allá y es "un conjunto de instrucciones que tiene un carácter funcional"[44]. "Si bien el *software* está expresado en un lenguaje —entendido "lenguaje" en un sentido muy amplio, como medio expresivo—, no emplea palabras que puedan ser convertidas en sonidos con los cuales resulte posible recrear una obra"[45]. Además, al equipararse los programas de computadoras a una obra literaria, técnicamente solo tendría que quedar protegida la forma y no su aplicación práctica, que es donde precisamente radica el valor del *software*[46].

Y es que, como lo recuerda el autor paraguayo Aldo Fabrizio Modica Bareiro, hace varias décadas, cuando se comenzó a estudiar este asunto, hubo tres posiciones. Una, que buscaba equiparar el *software* al derecho de autor, otra que pensaba que era necesario acercarlo al derecho de patente y una tercera, que propugnaba una salida *sui géneris*. Esta última fue rechazada porque se entendió que una nueva forma de protección no tendría una aceptación rápida o extendida. Por esto se prefirió alinear el tema con uno de los grandes paradigmas y se optó por el derecho de autor. Para el efecto se explicó la supuesta afinidad del programa de computación con las obras literarias, mientras que se rechazó el patentamiento porque se consideró que los 'pasos mentales' no eran patentables por la ausencia de aplicación industrial del programa[47].

El mismo autor sostiene que "[d]esde perspectivas tanto jurídicas como económicas, el tratamiento del *software* como obra literaria confunde los dos grandes paradigmas (se refiere a las patentes y al derecho de autor), pues proporciona a los programas de computación un amparo similar al de la patente en las condi-

---

44 Ibídem, p. 56

45 Ibídem.

46 Ibídem.

47 Ibídem, p. 57.

ciones más suaves posibles (por ejemplo, sin examen previo) por el mayor tiempo posible"[48].

El caso es que en Colombia, hoy por hoy, el *software* se protege principalmente mediante el derecho de autor. En efecto, el Artículo 4° de la Decisión Andina 351 de 1993 establece que "La protección reconocida por la presente Decisión recae sobre todas las obras literarias, artísticas y científicas que puedan reproducirse o divulgarse por cualquier forma o medio conocido o por conocer, y que incluye, entre otras, las siguientes: [...] l) Los programas de ordenador...". Igualmente, el artículo 23 de la misma decisión indica que "los programas de ordenador se protegen en los mismos términos que las obras literarias. Dicha protección se extiende tanto a los programas operativos como a los programas aplicativos, ya sea en forma de código fuente o código objeto".

El código fuente es "el lenguaje del programa legible por el ser humano, es el código que realiza el programador y a partir del cual se puede entender el programa o modificarlo, mientras que el código objeto es aquel producto del procesamiento del código fuente por un ordenador a partir del cual sólo puede ser comprendido y utilizado por la máquina"[49].

En tal sentido, lo que en realidad se protege en el caso del *software* es el código, es decir, el lenguaje de programación escrito por una persona natural (obra literaria) para ser procesado por una computadora a través de un programa compilador (ej. C++, Rust o Java).

Para que opere la protección del derecho de autor, ese código debe ser original y la "exigencia de la originalidad se extiende a las características específicas de los elementos expresados por el ordenador. Así, por ejemplo, los íconos, las ventanas y la barra de

---

48 Ibídem.

49 Colombia. Dirección Nacional de Derecho de Autor. *Software y derecho de autor.* Disponible en: http://200.91.225.128/Intranel/desarrollo/CONCEPTOSWEB/arch_conceptos/1-2012-49791.pdf, consultado el 17 de septiembre de 2018.

herramientas de *Windows* se protegerán en la medida en que sean originales con respecto a la apariencia global de otros programas afines"[50]. Además, al código objeto y fuente, como objeto de protección en el software, se suman la documentación técnica y los manuales de uso, por mandato expreso de la Decisión 351.

El cuestionamiento sobre la protección del *software* desde el derecho de autor varía según cada uno de sus componentes. Para clasificar el grado de "duda" sobre la conveniencia de proteger cada uno de los componentes del software proponemos la siguiente estructura, comenzando por los menos cuestionados: (i) Manuales de uso, al tratarse de documentos escritos en un lenguaje, más o menos técnico, pero en todo caso comprensible por un usuario que va a operar el software o programa de ordenador; (ii) la documentación técnica del programa, por consideraciones similares a las realizadas sobre los manuales de uso, en el sentido de expresar en palabras el funcionamiento del programa, quizá de una forma menos comprensible por la mayoría de personas, pero sí por los técnicos en la materia; (iii) código fuente, al poder ser leído por los seres humanos, pero comprendido por pocos, además de estar destinado únicamente a compilarse por parte del computador; (iv) código objeto, al tratase de un lenguaje en código binario que no puede ser leído propiamente por un humano, sino únicamente por un ordenador, que lo procesa y arroja un resultado consistente en la ejecución de una tarea.

Gráfico 9. Grado de duda sobre la protección de los componentes del software

Fuente: Elaboración propia

50 TOBÓN FRANCO, N. y VARELA PEZZANO, E. *Derecho de autor para creativos*. Bogotá: Editorial Gustavo Ibáñez, 2010, p. 309.

Si los programas de ordenador se protegen como obras literarias, entonces el autor o titular del derecho podrá gozar y disponer de sus derechos morales y patrimoniales que surgen en los mismos términos que lo hace el autor de una obra literaria. Siendo los derechos morales aquellos que protegen la relación íntima entre una obra y su autor ¿no será un despropósito dotar a los creadores de un software de los mismos derechos que a los autores de obras artísticas y literarias? Aquí no pretendemos cuestionar el esfuerzo ni labor, en muchos casos creativa, para la elaboración de un software, pero sí cuestionamos la aplicabilidad de los mismos derechos y criterios de protección, atendiendo a las cualidades y diferencias del software y las demás obras protegidas por el derecho de autor.

Para dar un ejemplo de la poca aplicabilidad de los derechos morales sobre una obra, preguntémonos si el derecho moral de integridad[51] o el de modificación[52] deben resultar aplicables en el siguiente caso: Una empresa contrata a un ingeniero de software para que desarrolle un aplicativo contable para el pago de nómina. El ingeniero realiza el aplicativo y transfiere todos los derechos patrimoniales a la empresa. Posteriormente, la empresa hace ajustes internos al software para agregar un módulo para controlar la facturación de proveedores externos. ¿En un caso como el relatado nos podemos encontrar ante la infracción del derecho de integridad? ¿En la adaptación de un software se puede acreditar que una modificación afecta el decoro de la obra o la reputación del autor? ¿Debería un autor de un software tener el derecho de modificar a su antojo el contenido de un código fuente cuyos derechos pa-

---

51 Decisión 351 de 1993, artículo 11: Artículo 11.- El autor tiene el derecho inalienable, inembargable, imprescriptible e irrenunciable de: (...) c) Oponerse a toda deformación, mutilación o modificación que atente contra el decoro de la obra o la reputación del autor..."

52 Ley 23 de 1982, artículo 30: El autor tendrá sobre su obra un derecho perpetuo, inalienable, e irrenunciable para: (...) D. A modificarla, antes o después de su publicación...".

trimoniales ya fueron transferidos a un tercero y cuya utilidad es meramente funcional al interior de una empresa?

Por otra parte, y al hablar de los derechos patrimoniales de autor, se precisa que "para aquellos casos en donde el autor cede los derechos patrimoniales, en particular el derecho de transformación, resulta de la mayor importancia que el programador entregue la versión en código fuente"[53]. Si bien el software se compone de distintos elementos (materiales auxiliares, descripción del software, código fuente y código objeto), es el código fuente el que en la mayoría de los casos permitirá materializar distintos derechos como el de reproducción analógica y digital, distribución, comunicación pública y, principalmente, el de transformación. Esta situación particular refleja nuevamente la distinción entre el software y las obras artísticas y literarias, haciéndonos retomar la pregunta inicial sobre la conveniencia de su protección desde el derecho de autor.

Los plazos de protección de los derechos patrimoniales de autor sobre el *software* en Colombia –no es muy diferente en otros países– son los siguientes:

- Si el autor es una persona natural, el derecho de autor le corresponde durante toda su vida. Después de su fallecimiento, sus herederos o quienes legítimamente hayan adquirido los derechos podrán disfrutarlos por el término de 80 años más.
- Cuando el titular sea persona jurídica, el plazo de protección será de 70 años contados a partir de la realización, divulgación o publicación de la obra, según el caso[54].
- Si se trata de una obra en colaboración, el término de 80 años se contará desde la muerte del último coautor. Sin embargo, si no hubiere herederos ni causahabientes, la

53 Colombia. Dirección Nacional de Derecho de Autor. (2007). Concepto 1-2007-1292 del 1° de marzo de 2007.

54 Colombia. Congreso de la República. (2018). Ley 1915 de 2018, artículo 11.

> obra será de dominio público desde el fallecimiento del último coautor. La protección para las compilaciones, diccionarios, enciclopedias y otras obras colectivas será de 80 años contados a partir de la publicación y se reconocerá a favor de sus directores. Cuando es una obra anónima (en la que el autor es desconocido o no quiere ser asociado con su obra), la protección será de 80 años a partir de la fecha de publicación y se reconocerá en favor del editor.

Una vez expiran estos términos, la obra entra en el dominio público, pudiendo ser explotada por cualquier persona sin requerir de autorización. Sin duda, tutelar el esfuerzo para la creación de un software es deseable, puesto que se trata de una labor que requiere de tiempo y de un alto esfuerzo intelectual, y que puede contribuir en gran medida al desarrollo económico, cultural y social de los Estados. El cuestionamiento se presenta es en cuanto a las circunstancias de tiempo, modo y lugar que debería darse el amparo adoptado por los países ¿Se debe proteger la creación durante 10 o durante 80 años? ¿Debe resguardarse cualquier software o tendrán que adoptarse criterios especiales de protección que obedezcan a las particularidades del proceso creativo del software? ¿La protección debe ser mundial (ej. como en el derecho de autor), regional (ej. como los dibujos y modelos industriales en la Unión Europea) o local (ej. como las marcas o patentes nacionales)?

Al cuestionamiento sobre la protección actual del *software* desde el derecho de autor, se ha sumado una discusión más o menos reciente en torno a la conveniencia de protegerlo también desde el derecho de patentes, a través de las denominadas invenciones implementadas por computador (IIC). De acuerdo con el artículo 15 de la Decisión 486 del 2000, "los programas de ordenadores o el soporte lógico, como tales" no se consideran invenciones sino una creación protegible por el sistema internacional de protección al derecho de autor[55]. Sin embargo, como mencionábamos arriba, con el paso del tiempo se ha buscado una protección adicional en favor del software a través de las IIC. En concreto, en el año 2012, la Superintendencia de Industria y Comercio de Colombia expidió la "Guía para examen de solicitudes de patente de invención y modelo de utilidad", como herramienta para facilitar el trabajo de los examinadores de patentes. El capítulo VI de ese documento se denominó "Invenciones Implementadas por Ordenador" y, en palabras sencillas, se centró en abogar por el patentamiento del software cuando cuenta con "aplicación práctica", es decir, cuando se puede aplicar a un producto (máquina, manufactura, composición de la materia) o proceso real que tenga una aplicación práctica[56].

Tal fue el impacto de las IIC en la propiedad intelectual que, en el año 2021, la Superintendencia de Industria y Comercio expidió, ya no un capítulo, sino una "Guía de examinación de invenciones implementadas por computador (IIC)" para orientar a los examinadores en la determinación de qué tipo de creaciones pueden ser protegidas. De acuerdo con esta guía, una IIC puede protegerse mediante el derecho de patentes siempre que exista un programa de ordenador que se incorpore en un dispositivo que permita producir un efecto técnico determinado[57].

Sin el interés de adentrarnos en el objeto de protección del derecho de patentes, ni en cómo las IIC podrían llegar a incumplir los mandatos del artículo 27 del acuerdo ADPIC o el artículo 15 de la Decisión 486 del 2000, lo cierto es que, con la protección a las IIC desde las patentes, nos encontramos en lo que podemos denominar como una zona fronteriza, limítrofe o de contacto, es

---

55 Véanse los artículos 3 de la Decisión 351 de 1993, 10 y 27 del acuerdo ADPIC, 4 del TODA, entre otros.

56 Colombia. Superintendencia de Industria y Comercio. Guía para examen de solicitudes de patente de invención y modelo de utilidad. 2012.

57 Colombia. Superintendencia de Industria y Comercio. Guía de examinación de invenciones implementadas por computador–IIC. 2021.

decir, un escenario en el que dos ramas de la propiedad intelectual tienen el mismo objeto de protección[58], en este caso: el software. En otras palabras, existe una protección adicional reforzada que cubre determinados programas de computador durante 20 años, con el especial conjunto de derechos a los que origina una patente.

Es en este punto en el que nos preguntamos ¿A quién le interesa proteger el *software* mediante el derecho de autor durante 70 u 80 años? Es más, ¿realmente alguien quiere patentar el *software* para obtener protección durante 20 años, como se ha aceptado con mayor propiedad en Estados Unidos y en la Unión Europea?[59] Seguramente sí, pero es discutible desde una visión práctica, sobre todo al considerar la "expectativa de vida" de un software. Es altamente improbable que, en 80 años posteriores a la muerte de un autor, o en 70 años desde su publicación, o siquiera 20 años después de creado, el mismo software vaya a ser usado por alguna persona;[60] esto sin considerar siquiera que si dicho software alcan-

---

58 Véase: Sarmiento, Cristian. *Las zonas fronterizas en la propiedad intelectual.* En: Opinión Asuntos Legales. 31 de diciembre de 2023. [En línea]. Disponible en: https://www.asuntoslegales.com.co/analisis/cristian-david-sarmiento-3438217/las-zonas-fronterizas-en-la-propiedad-intelectual-3774636#:~:text=En%20el%20derecho%20de%20propiedad,autor%2C%20marcario%20y%20de%20diseños

59 Rengifo, E. (2003). Propiedad intelectual. El moderno derecho de autor. Bogotá: Universidad Externado de Colombia, p. 201. Los países andinos no permiten patentar el *software,* porque consideran que "no es un producto en el sentido que lo sería un aparato o una sustancia, ni es un método, ni un proceso industrial". La Decisión Andina 486 también descarta la patentabilidad del *software.* En su artículo 15(e) confirma expresamente que "no se considerarán invenciones [...] los programas de ordenadores o el soporte lógico, como tales".

60 "El análisis estadístico muestra que las líneas de código son duraderas, con una vida media de unos 2,4 años, y que las líneas jóvenes tienen más probabilidades de ser modificadas o eliminadas (...) El lenguaje de programación y la antigüedad y experiencia de los desarrolladores no se correlacionaron significativamente con la longevidad de las líneas o los tokens, mientras que el tamaño y la antigüedad del proyecto sólo

za cierto éxito y perdura en el tiempo, no tardará en ser sometido a modificaciones en sus líneas, lo que dará lugar, además, a que ocurra el fenómeno del *evergreening*, analizado anteriormente.

4. ¿PARA QUÉ PROTEGER UNA BASE DE DATOS POR MÁS DE MEDIO SIGLO?

Las bases de datos son aquellas "recopilaciones de obras, de datos o de otros elementos independientes dispuestos de manera sistemática o metódica y accesibles individualmente por medios electrónicos o de otra forma"[61].

En muchos países, como Colombia, las bases de datos se protegen mediante derecho de autor en la medida que la selección y disposición de sus materias constituya una creación intelectual original, característica que debe encontrarse en el particular método o sistema de selección de datos porque "la simple ordenación mecánica o acumulación de datos sin ningún criterio de selección, o la simple ordenación alfabética, numérica o cronológica de éstos, por muy dispendiosa que sea, no reviste altura creativa, pues constituye una labor mecánica que bien puede ser realizada por una máquina"[62]. ¿De verdad existen bases de datos originales?

---

mostraron una ligera correlación." (traducción propia) Spinellis, D., Louridas, P. y Kechagia, M. Software evolution: the lifetime of fine-grained elements. PeerJ Computer Science. Vol. 7. Pág. 1. 2021.

61 De La Parra Trujillo, E. (2004). El derecho sui generis sobre las bases de datos en México y la Unión Europea. Derecho Comparado de la Información, (3), 103-104. Por su parte, el Tribunal de Justicia de la Comunidad Andina, en el Proceso 10-IP-99 plantea: "Los conceptos de 'software o programas de ordenador' y 'bases de datos', constituyen dos figuras distintas. En consecuencia, con el uso de un mismo programa de ordenador pueden ser elaboradas bases de datos diferentes, y a su vez, una misma compilación de datos puede realizarse con el uso de otros programas de ordenador".

62 Ibid.

¿La originalidad, entendida como el sello personal que el autor imprime sobre su obra, es un criterio de protección aceptable tratándose de bases de datos? ¿Una persona debe tener un derecho moral de integridad o modificación sobre una base de datos?

Sugerimos plantear sobre las bases de datos los mismos interrogantes que formulamos en el caso del *software*. En tiempos de la sociedad líquida y de la obsolescencia programada, ¿a quién le interesa proteger una base de datos mediante el derecho de autor durante 70 o 80 años? Una posible solución a este interrogante puede ser la que revelamos en relación con el software y que consiste en proteger las bases de datos mediante otro tipo de protección normativa ya existente (i.e. secretos comerciales o industriales, competencia desleal, etc.), o adoptar una protección *sui generis*, que podrá contemplar el proceso de creación de una base de datos, además de considerar las circunstancias de tiempo, modo y lugar necesarias para otorgar una protección equilibrada[63].

5. EL *DROIT* DE SUITE, QUE SÓLO BENEFICIA A UNA MINORÍA

El derecho de "*suite*" o de seguimiento es un derecho en virtud del cual el autor puede reclamar una parte de los ingresos obtenidos en cada nueva venta pública de ejemplares originales de las obras de

[63] En los países de la Unión Europea existe un sistema dual de protección. Cuando las bases de datos se consideran "originales" son protegidas por el derecho de autor. Cuando no se consideran originales, pueden protegerse vía un derecho *sui generis* (ver la Directiva europea 96/9/EC), consistente en impedir que se utilice la totalidad o parte del contenido, por un término de 15 años desde que la base de datos pasa a ser de acceso público. En vista de lo anterior, una protección adecuada podría ser únicamente aquella que no requiere el criterio de originalidad y que, por ende, otorga una protección por un periodo de tiempo mucho menor al concedido por el derecho de autor.

bellas artes, tratándose de ventas realizadas durante el término de duración de la protección del derecho de autor sobre la obra.

En Colombia y los países de la Comunidad Andina, dicho derecho está definido en el artículo 16 de la Decisión Andina 351, así: "Los autores de obras de arte y, a su muerte, sus derechohabientes, tienen el derecho inalienable de obtener una participación en las sucesivas ventas que se realicen sobre la obra, en subasta pública o por intermedio de un negociante profesional en obras de arte. Los Países Miembros reglamentarán este derecho".

Según explica Rengifo, "este derecho persigue la aplicación de un principio de justicia según el cual una obra de arte, con el paso del tiempo, adquiere un mayor valor económico, y de ello debe obtener una participación el autor en el momento de las enajenaciones posteriores de su creación. Pero la participación no se adquiere por cualquier acto de enajenación, sino solo cuando la obra (en la Región Andina, salvo que exista un derecho de reciprocidad en el extranjero) se ha vendido en subasta pública o por intermedio de un negociante profesional"[64].

Si bien esta facultad responde a un fenómeno particular al que se enfrentan los autores dentro de la industria creativa de las bellas artes, el mismo ha sido diseñado a la medida de unos pocos artistas, pues, para la gran mayoría, vender sus obras o, mejor, que les paguen por ellas algo "razonable" ya es una hazaña[65]. Ni qué decir de los porcentajes que cobran los intermediarios de arte, cuya regulación quizá sería mayormente deseable, buscando lograr relaciones contractuales equilibradas en pro de ambas partes.

En todo caso, para proteger al artista ya existen los demás derechos patrimoniales y morales de autor –estos últimos perpetuos, inembargables, irrenunciables e imprescriptibles– que, más que existir en el papel, deberían ser más fácilmente exigibles.

---

64 RENGIFO E., Op. cit., p. 175.

65 RENGIFO E., Op. cit., p. 175.

Como hemos mencionado antes, quizá se trate de un problema en la materialización de los derechos ya existentes y no de una necesidad de adoptar medidas adicionales, como el *droit de suite* (para el año 2024 este derecho no ha sido regulado por el congreso colombiano, contrario a los demás países de la Comunidad Andina)[66] e inclusive, aunque este derecho fuera adoptado, otorgará una protección a un grupo selecto dentro de la industria de las bellas artes, creando una limitación sobre el derecho de propiedad de los dueños de ejemplares de pinturas, esculturas y otras obras de bellas artes, limitación que no se ve sobre otro tipo de propiedad, común o intelectual.

Además, puede ocurrir una paradoja pues al final esta figura tiene un efecto contrario al que se buscaba cuando fue creada. "Cualquier derecho a una participación futura en el valor de las obras se ver reflejado en una reducción del precio original de venta. Los artistas cuyas obras aumenten de valor más allá de la reducción original se verán compensados, mientras que aquellos cuyas obras no aumenten más allá de esta reducción se verán perjudicados; tomando en cuenta que la mayoría de obras se deprecia en valor y que son pocas las obras que se aprecian, la mayoría de artistas se verán perjudicados con el *droit de suite*. El artista debe aceptar una reducción presente a cambio de un posible beneficio futuro"[67].

---

66 "Los demás países de la Comunidad Andina han reglamentado el derecho de seguimiento a través de las siguientes disposiciones: Bolivia: Artículo 50 de la Ley 1322 de abril de 1992; Ecuador: Artículo 38 de la Ley de Propiedad Intelectual. Codificación 13 de 2006; y Perú: Artículo 82 y subsiguientes del Decreto Legislativo 822 de 1996." Sarmiento, Cristian. *Propiedad Intelectual: Aspectos contractuales de los derechos patrimoniales de autor.* Óp. cit. Pág. 88.

67 Naiman Alexander Aizenstatd Leitenschneider. "Consideraciones sobre el *droit de suite*: Análisis crítico del derecho de los artistas a obtener una participación en el precio de reventa de sus obras", p. 29. Disponible en: chrome-extension://efaidnbmnnnibpcajpcglclefindmkaj/https://aizenstatd.com/wp-content/uploads/2017/09/Consideraciones-sobre-el-Droit-de-Suite-Aizenstatd.pdf

Suficiente complicación existe ya en la industria creativa de las bellas artes con el enfrentamiento entre el derecho a la transformación (derecho patrimonial de autor que adquiere la mayoría de las veces quien compra una obra) y el derecho a la integridad, que es un derecho moral que conserva el autor por siempre (¿cómo transformar sin vulnerar la integridad?).

En Colombia, esa discusión está "resuelta" con el texto del literal *b* del artículo 30 de la Ley 23 de 1982[68]. Palabras más, palabras menos, la norma establece que el autor o sus herederos se pueden oponer a toda deformación, mutilación o modificación que demerite la obra o afecte su reputación o perjudique su honor. Sin embargo, ¿Qué es el honor? ¿Qué afecta la reputación de un artista? Es más, ¿cuándo se demerita una obra, si el derecho a la libertad de expresión es tan amplio que expresiones como *fuck* han sido reconocidas por la Corte Suprema de Justicia de Estados Unidos como poesía?[69]

Algunos consideran que no es equitativo que el artista reciba una parte de las ganancias por el aumento en valor del precio de sus obras si tenemos en cuenta que no participa en las pérdidas, en el caso que la obra se deprecie. Además, agregan que "resulta comprensible que un artista sienta frustración al ver que sus obras

---

68 El literal *b* del artículo 30 de la Ley 23 de 1982 declara que el autor tendrá sobre su obra un derecho perpetuo, inalienable, e irrenunciable para: "[...] oponerse a toda deformación, mutilación u otra modificación de la obra, cuando tales actos puedan causar o acusen perjuicio a su honor o a su reputación, o la obra se demerite, y a pedir reparación por esto".

69 Famoso precedente judicial de la Corte Suprema de Justicia norteamericana (Cohen v. California, 1971), en el cual un muchacho fue procesado por portar en una entidad pública una chaqueta que decía "Fuck the draft" (al diablo con el servicio militar). Allí, con ponencia del juez Harlan, el alto tribunal dispuso lo siguiente: "La palabra que aquí se discute puede ser poco elegante para muchos, pero es inevitable reconocer que lo que para unos es vulgar para otros es poesía lírica. La libertad de expresión es uno de los cimientos de los Estados Unidos".

se vendan por precios muy superiores a los cuales él los vendió. Sin embargo, ambos han intercambiado voluntariamente una posesión material a cambio de un beneficio inmediato" [70].

Es más, también se sostiene que la falta de mercado de reventa para una obra de poco valor y la permanencia de una obra invaluable en colecciones privadas o museos hacen que el *droit de suite* opere raramente. En la mayoría de los casos en los que este derecho se aplica, es probable que el artista ya haya fallecido o tenga una edad avanzada. Como resultado, este derecho llega tarde para incentivar al artista a seguir creando obras[71].

Tal vez el *droit de suite* es una figura de otra época que no es aplicable a los artistas de la actualidad. "Ahora, la venta de la obra no es el único medio por el cual puede un artista obtener ingresos, la tecnología le permite obtener beneficios económicos por medio de varias adaptaciones de ésta. Inclusive, algunos artistas obtienen mayores ingresos de los productos derivados de sus obras que de la venta del soporte material en el cual se encuentra plasmada"[72].

6. LOS TROLS DE MARCAS, PATENTES Y DERECHO DE AUTOR

De acuerdo con la mitología nórdica, los trols son feas criaturas que viven bajo los puentes y cobran a los viajeros por cruzar los ríos [73]. Fue Peter Detkin, un abogado de Intel Corporation, quien

---

[70] Naiman Alexander Aizentatd, Op. Cit. p. 30.

[71] Naiman Alexander Aizentatd, Op. Cit. p. 28.

[72] Naiman Alexander Aizentatd, Op. Cit. p. 30.

[73] OMPI. ¿Son los patent trolls (secuestradores de patentes) amigos o enemigos? Por Robert L. Stoll, Asociado en Drinker Biddle & Reath LLP, Washington, EE.UU. y anterior Comisionado de Patentes de la USPTO (Oficina de Patentes y Marcas de los Estados Unidos de América). Revista 2, 2014 https://www.wipo.int/wipo_magazine/es/2014/02/article_0007.html

empezó a utilizar la expresión "*patent trolls*", o secuestradores de patentes, para referirse a quienes iniciaban procedimientos judiciales sobre patentes que él calificaba de improcedentes[74].

Los "trols" en internet son personas que publican mensajes provocativos para molestar o generar respuestas negativas. En el ámbito de marcas, patentes y derechos de autor, estos individuos buscan beneficios económicos abusivos, aprovechándose de lagunas legales y la falta de vigilancia y sanciones efectivas[75].

Históricamente, Estados Unidos ha sido el hábitat idóneo para los trols en materia de propiedad intelectual. "El sistema judicial de allí tiene unos costes desorbitados para los demandados por infracción de patentes mientras que los demandantes apenas asumen riesgos", explican desde la oficina española de patentes y marcas (OEPM)[76]. Esto sumado a la concesión de protecciones demasiado amplias –debido a la alta carga de trabajo de las autoridades– resulta en un ecosistema donde la riña es barata y las posibilidades de salir ganando, favorables, sea que los demandados acepten una conciliación judicial o extrajudicial.

Los trols de marca aparecen cuando alguien registra una marca, no para usarla, sino para iniciar acciones legales contra cualquier persona que la use o intente usar, con la idea de exigir dinero por su traspaso o perjuicios por la infracción. Hay dos tipos de trols marcarios[77]. Uno son los solicitantes oportunistas, que son

---

74 Ibídem.

75 Bonadio, E., y Contardi, M. (2021). Los trols de patentes: una historia de exceso de ejercicios de derechos de propiedad intelectual. *Revista La Propiedad Inmaterial*, *32*, 37–70. https://doi.org/10.18601/16571959.n32.02

76 Hidalgo Pérez, M. *"Trols" de las patentes: ¿al acecho de Europa?* Diario el País. 25 d emayo de 2018. Consultado el 14 de enero de 2024. Disponible en: https://elpais.com/retina/2018/05/21/innovacion/1526918877_995781.html

77 Mendelson, INTA, 2015, Mendelson, Purdue, Pharma L.P., 2015. Trademark Trolls: Here to Stay? INTA Bulletin. Recuperado de: http://www.inta.org/INTABulletin/Pages/Trademark_Trolls_7021.aspx. [Consultado el 17 de marzo de 2020].

quienes no trabajan con marcas registradas, pero aprovechan la oportunidad que se les presenta de registrar en un país una marca conocida o recientemente registrada por una compañía en otro país, esperando que algún día su titular verdadero intente registrarla allí para exigirle en ese momento un dinero por el traspaso. Este caso ocurre a menudo en países donde el registro (no el uso) es constitutivo de derechos[78] y, por ende, para obtener un derecho de propiedad que permita usar la marca y excluir a terceros de dicho uso, se requiere un registro. En la mayoría de estos casos, las leyes nacionales, como en Colombia, no requieren el uso de la marca para concederla o mantener el derecho vigente, a menos que terceros inicien acciones de cancelación por falta de uso. Es decir, se necesita la participación de un tercero para iniciar acciones de cancelación, las cuales no serán presentadas de oficio por las oficinas de marcas ni será un requisito, por ejemplo, para la renovación del registro cada 10 años.

Otros son los usuarios sospechosos, que son aquellos que alegan, sin ninguna prueba real, que tienen derechos sobre una marca y amenazan con iniciar acciones legales o con presentar oposiciones a la solicitud del registro contra cualquiera que la use o intente registrar, aún para productos o servicios no relacionados[79]. Dentro de este tipo de usuarios pueden incluirse aquellos titulares de derechos que desean impedir el registro de marcas similares en aspectos mínimos a sus marcas registradas lo que genera un desgaste para los examinadores y los solicitantes de nuevas marcas, quienes tendrán que dedicar recursos propios en defenderse y acreditar que no existe una infracción.

En todo caso los "trols de marcas" generalmente aprovechan que las marcas son por definición territoriales y que en muchos países las decisiones judiciales relativas al tema marcario –reconocimiento de la infracción, obtención de calificación como marca

---

78 Ibídem.

79 Ibídem.

notoria– toman tiempo. A menudo, el empresario enfrentado a este panorama, al analizar el costo/beneficio de su situación, prefiere negociar con el oportunista antes que demandar.

El ejemplo que siempre se usa para explicar esta figura es el de Leo Stoller, un empresario estadounidense que ganó notoriedad por reclamar derechos de propiedad sobre una serie de marcas genéricas intentando luego cobrar a las empresas que usaban esos términos en sus negocios[80]. Esta estrategia legal le valió el apodo de "*Trademark Troll*" o "Trol de Marcas", el inicio de muchos procesos judiciales en su contra[81] y, además, en su honor se creó la Sociedad para la Prevención del Abuso de Marcas Comerciales, LLC[82].

Un trol de patentes se presenta cuando alguien adquiere "una serie de patentes sin llevar a cabo investigación y desarrollo, por ejemplo, adquiriéndolas en el mercado, y sin ninguna intención de trabajar las invenciones subyacentes produciendo y/o comercializando productos. Más bien, estas entidades se dirigen a otras empresas de las cuales simplemente sospechan que utilizan la invención patentada, amenazándolas con demandarlas por infracción de patentes y obligándolas a pagar cánones (a menudo bastante elevados), incluso cuando la infracción de la patente en cuestión es incierta" [83].

Y es que en la vida real el presunto infractor de una patente se ve en una encrucijada porque "les resulta económicamente inviable afrontar los elevados costes de un litigio, por no hablar del riesgo de no poder continuar en la comercialización de sus pro-

---

80 https://www.protectia.eu/2013/01/trolling-de-marcas/

81 Para conocer algunos de los casos contra Stoller ante el Trademark Trial and Appeal Board (TTAB) y ante la Corte Federal ver: http://thettablog.blogspot.com/2006/05/ttablog-presents-leo-stoller.html

82 Véase: http://preventtmabuse.blogspot.com/

83 Bonadio, E. y Contardi, M. (2021). "Los trols de patentes: una historia de exceso de ejercicios de derechos de propiedad intelectual." *Revista La Propiedad Inmaterial*, 32, 37–70. DOI: https://doi.org/10.18601/16571959.n32.02.Principio del formulario

ductos debido a una orden judicial y/o a tener que rediseñar el producto supuestamente infractor para eludir una condena por infracción" [84].

Por su parte, los trols de patentes no tienen casi nada que perder. "Los trols no tienen costes de I+D ya que adquieren patentes a costes marginales de inventores individuales, entidades pequeñas o medianas o empresas en quiebra. Además, como los trols no producen directamente la tecnología en cuestión, no soportan ni los costes operativos ni los riesgos de alguna responsabilidad por demanda de reconvención. Debido a que el riesgo potencial por un litigio sobre patentes representa un daño demasiado elevado para las entidades practicantes a las que se acusa de utilizar ilegalmente la tecnología patentada, estas entidades suelen aceptar acuerdos, abonando cantidades de dinero que, si bien son importes elevados, son generalmente inferiores al coste que la empresa debería asumir en caso de un litigio" [85].

Como antecedente histórico, nos encontramos con que a principios del siglo XX se calificó como una "guerra de patentes" a los enfrentamientos de Thomas Edison con las empresas cinematográficas por dominar el negocio del cine, lo que condujo a muchas de ellas a emigrar al oeste, al bosque (Hollywood), donde podían filmar sus películas sin estar sujetos a tantos litigios y pleitos por licencias. Tal vez es por eso que algunos han llegado a decir que Thomas Edison, uno de los más prolíficos inventores de los Estados Unidos, fue uno de los precursores de los trols de patentes, ya que en algunos casos obtenía licencias de patentes con un ánimo más litigioso que de explotación[86].

---

84 *Ibídem.*

85 *Ibídem.*

86 WIPO Magazine 2/2014. Patent Trolls: Friend or Foe? April 2014. By Robert L. Stoll, Partner, Drinker Biddle & Reath LLP, Washington, US and former USPTO Commissioner for Patents. En: https://www.wipo.int/wipo_magazine/en/2014/02/article_0007.html

Uno de los casos emblemáticos de trols de patentes es el *Blackbird* contra *Cloudflare*, iniciado por un bufete de abogados boutique "que es conocido por haber interpuesto más de 50 acciones de infracción de patentes contra entidades diferentes en un solo año (aunque no le interesa la invención en absoluto) con el único fin de exigir dinero a quienes explotan invenciones cobijadas por esa patente" [87].

Los hechos del caso se resumen así: Cloudflare es una empresa estadounidense proveedora de redes de distribución de contenidos (CDN) y titular de más de un centenar de patentes. Blackbird Technologies es una oficina de abogados cuyo negocio "consiste en adquirir patentes de inventores individuales y pequeñas empresas, a menudo a un precio irrisorio, y luego hacerlas valer frente a terceros que supuestamente comercializan productos que incorporan la tecnología patentada... El resultado es un modelo de negocio que permite a Blackbird combinar en una sola entidad las características de un despacho de abogados especializados en PI y las de un propietario de PI. Así, este modelo permite a Blackbird interponer demandas sin tener que desembolsar cantidades significativas de dinero, mientras que los demandados suelen tener que asumir costes de litigio más elevados" [88].

En concreto, Blackbird consiguió que el titular de una patente que estaba a punto de expirar se la cediera por el precio de un dólar[89] y presentó una demanda por infracción de patente contra Cloudflare y contra otra empresa que prestaba servicios de CDN

---

87 Bonadio, E. y Contardi, Op. Cit.

88 *Ibídem.*

89 "La invención patentada tiene una extensión de 31 reivindicaciones repartidas entre las secciones H (física) y G (electricidad) del Sistema de Clasificación Internacional de Patentes (CIP), y se refería a un método y un aparato para transportar y proporcionar datos a través de la internet. La patente describía además el uso de un dispositivo de red intermedio destinado a supervisar las comunicaciones por la internet y modificarlas si se detectaban determinados parámetros".Bonadio, E. y Contardi,Op. Cit.

llamada Fastly[90]. El final de ambos casos fue diferente. Mientras Fastly negoció un acuerdo extrajudicial, Cloudfare contrademandó y explicó que "la tecnología protegida por la patente de Blackbird se refería a un principio básico que rige el funcionamiento de la internet, con reivindicaciones redactadas de forma tan amplia que cubrían no solo el sistema de CDN, sino también cualquier otro sistema en el que se examinen, redacten o modifiquen las comunicaciones electrónicas"[91].

Cloudfare defendió su posición de varias maneras. Primero, argumentó que favorecer a los trols de patentes va en contra del propósito de la propiedad intelectual, ya que estos demandantes distraen a las empresas de sus actividades principales con li-

---

90 Blackbird es lo que se llama una entidad no practicante (ENP, o NPE, en inglés). "La sigla NPE se utiliza a menudo para referirse en términos generales a los titulares de patentes que no fabrican ni producen tecnología, sino que más bien perciben sus principales ingresos debido a la concesión de licencias de patentes, cesiones o acuerdos con supuestos infractores... Sin embargo, no se puede negar que algunas NPE no son más que actores oportunistas que se aprovechan del sistema de patentes y no tienen casi ningún objetivo útil. Lo que hacen es simplemente adquirir una serie de patentes sin llevar a cabo realmente I+D y sin tener real intención de explotar las invenciones subyacentes a las patentes, sino que tienen como principal finalidad obligar a otras empresas a pagar cánones de licencia bajo la amenaza de tener que hacer frente a costosos litigios de patentes...Este uso estratégico y ofensivo de los derechos de patente ha dado lugar a expresiones peyorativas tales como "trols de patentes" (el término se acuñó por primera vez a finales de los años 90 del siglo pasado) y "tiburones de patentes". Otras denominaciones más neutrales que se han propuesto son "entidades de reclamación de patentes" (PAE), "empresas durmientes" y patentes submarinas. Todas ellas describen un escenario en el que el titular de la patente espera hasta que la tecnología esté ampliamente comercial-izada y los actores del mercado hayan realizado inversiones irreversibles en dicha tecnología para luego atacarlos ("esperar y demandar")". Bonadio, E. y Contardi, M. 2021.Op.Cit.

91 *Ibídem.*

tigios. Además, lanzó el "Proyecto Jengo", un *crowdsourcing* para recopilar documentos que respalden la solicitud de nulidad de las patentes de Blackbird. El objetivo inicial era recaudar 50.000 dólares, con 30.000 dólares destinados como premio para quienes presentaran el estado de la técnica para invalidar la patente en cuestión, y 20.000 dólares para quienes presentaran información para invalidar otras patentes de Blackbird[92].

Esta estrategia fue todo un éxito y gracias a todos los documentos obtenidos se inició "un procedimiento de nulidad por separado ante la USPTO contra otra patente de Blackbird, en lo específico la patente estadounidense n.º 7.797.448 ("GPS–Linkage") que protegía, también mediante reivindicaciones extremamente amplias, las aplicaciones de la internet que utilizan el GPS. La patente fue finalmente invalidada a principios de 2018. Cloudflare puso además a disposición del público todo el estado de la técnica recuperado contra las patentes de Blackbird, y algunas otras empresas que habían recibido amenazas de pleito por parte de Blackbird se beneficiaron de dichos documentos" [93].

De hecho, Cloudflare también presentó quejas contra los abogados de Blackbird "argumentando que el modelo de negocio de Blackbird violaba la norma de la relación abogado–cliente que prohíbe a los abogados dividir los honorarios de pleitos con una persona que no sea abogado, así como la norma profesional que prohíbe a los abogados adquirir intereses de propiedad en un pleito" [94]. Al final la demanda por infracción de Blackbird fue desestimada, porque el Tribunal consideró que algunas reivindicaciones carecían de actividad inventiva, porque se referían a componentes genéricos de internet que son "simplemente una aplicación convencional de una idea más amplia"[95].

---

92 *Ibídem.*

93 *Ibídem.*

94 *Ibídem.*

95 *Ibídem.*

En todo caso, definir si hay un "trol" o "secuestrador" de patentes no es un asunto sencillo. Decir únicamente que se trata de una empresa que no fabrica nada y que se dedica a comprar patentes para reivindicarlas contra otras empresas, puede ser insuficiente como bien explicó la Organización Mundial de la Propiedad Intelectual (OMPI): "¿Dónde se clasifica, por ejemplo, a las grandes empresas manufactureras que tienen divisiones que compran carteras de patentes con el fin de reivindicarlas, o a las empresas que ceden a una filial –total o parcial– su cartera de patentes inutilizadas, que luego las reivindica, o a las empresas que compran carteras con fines preventivos y obligan a las empresas a afiliarse a ellas a cambio de protección? ¿Y qué decir de las universidades? No fabrican productos. Podría decirse que no entran en la categoría descrita porque otorgan licencias a empresas que fabrican los productos protegidos por sus patentes. Pero ¿qué sucede cuando la universidad vende sus patentes a una entidad inactiva mediante un acuerdo de reparto de beneficios?"[96].

La OMPI sostiene que uno de los principales problemas es la calidad de las patentes reivindicadas. "Con mucha frecuencia, los demandantes usan patentes de mediocre calidad para extorsionar a las pequeñas empresas que no cuentan con los medios para defenderse en un juicio. Los gastos judiciales que entraña una demanda de nulidad y/o de ausencia de infracción en un litigio sobre una patente reivindicada contra una pequeña empresa en los Estados Unidos puede arrastrarla a la quiebra, algo que puede quitarle el sueño al empresario que acaba de lanzar un proyecto comercial. Presas del pánico, muchas pequeñas empresas, que no tienen juristas expertos

---

96 OMPI. ¿Son los patent trolls (secuestradores de patentes) amigos o enemigos? Por Robert L. Stoll, Asociado en Drinker Biddle & Reath LLP, Washington, EE.UU. y anterior Comisionado de Patentes de la USPTO (Oficina de Patentes y Marcas de los Estados Unidos de América). Revista 2, 2014 https://www.wipo.int/wipo_magazine/es/2014/02/article_0007.html

en patentes en su plantilla, se ven forzadas a concluir acuerdos que limitan sustancialmente su capacidad de crecimiento" [97].

En los Estados Unidos, la Ley Leahy–Smith America Invents Act (AIA) de 2011 representó un importante paso al establecer varios procedimientos más rápidos y menos costosos para suprimir del sistema las patentes concedidas imprudentemente. La manera más eficaz de revocar las patentes demasiado amplias y de escasa calidad, y de reducir la actividad predadora, es hacer todo lo posible para que no se concedan, o si se conceden, lograr que el proceso de nulidad sea más expedito.

Los trols de derechos de autor se presentan cuando una persona natural o jurídica adquiere uno, varios o todos los derechos patrimoniales sobre una obra, pero, en vez de utilizarlos como es debido (i.e. por sí mismos, mediante licencias a terceros o mediante la cesión a terceros), se dedica a "amenazar" o demandar a quienes vulneran los derechos de autor involucrados. En otras palabras, son personas que con la adquisición del derecho no buscan explotar la obra, sino reclamar de forma profesionalizada, o mejor "instrumentalizada", una indemnización por daños y perjuicios a los supuestos infractores. "Normalmente, estas reclamaciones no llegan al ámbito judicial, sino que culminan con un acuerdo transaccional que implica el pago de una cantidad por parte del supuesto infractor. De esta forma, basta con que una pequeña fracción de las personas contactadas paguen, para que las empresas en cuestión obtengan beneficios –a veces superiores a los derivados de la propia explotación de la obra– y su modelo de negocio perpetúe"[98].

El caso que ilustra esta situación es el siguiente: Un bufete de abogados de San Francisco adquirió los derechos de autor sobre varias películas pornográficas y utilizando herramientas digitales como el

[97] Ibídem.

[98] Zeballos Marta. Copyright trolls: Conclusiones del abogado general. Cuatrecasas. https://www.cuatrecasas.com/es/latam/articulo/copyright-trolls-conclusiones-abogado-general&cd=1&hl=es-419&ct=clnk&gl=co

rastreador de infracciones de torrents (www.youhavedownloaded.com) buscó a las personas que las habían reproducido sin pago. Al encontrarlos, los abogados les enviaron cartas diciendo que a menos que pagasen una multa de mil dólares los demandarían en la corte. Como era de esperarse, la mayoría de los presuntos infractores optó por pagar rápidamente y en silencio, independientemente de si la acusación tenía algún mérito. "Uno podría sospechar que los presuntos infractores están motivados, no por la potencial vergüenza de una acusación de descarga ilegal, sino más bien por la potencial vergüenza de una asociación con la pornografía"[99].

7. LAS PATENTES ESENCIALES ESTÁNDAR: UNA SOLUCIÓN A UN PROBLEMA, O AL REVÉS

Las patentes SEP (*Standard–Essential Patents*, por sus siglas en inglés) son patentes que cubren tecnologías esenciales para el cumplimiento de estándares técnicos en una determinada industria. Estas patentes se califican como esenciales por el uso de un estándar específico, y su licenciamiento se estima necesario para garantizar la implementación efectiva y la interoperabilidad de los productos en el mercado.

> "Si bien el titular de derechos de propiedad intelectual cuenta con la prerrogativa de excluir a terceros de la explotación comercial de sus patentes sin su autorización, puede que con ello se generen obstáculos a la innovación incremental o complementaria, es decir, aquella que se refiere a invenciones conexas y derivadas de la protegida mediante patente. De ahí que mediante el sistema de la estandarización y las condiciones FRAND se pretende evitar que

---

99 Robin Feldman, Intellectual Property Wrongs, 18 Stanford Journal of Law, Business & Finance 250 (2013), p. 283-284.
Disponible en: https://repository.uchastings.edu/faculty_scholarship/

> el ejercicio abusivo de derechos conlleve la obstrucción tanto de la competencia, como de la innovación"[100].

El hecho de que una patente se considere como SEP, permite que sobre las mismas se celebre una licencia FRAND (*Fair, Reasonable and Non–Discriminatory*, por sus siglas en inglés), lo que implica que las partes interesadas, a saber, los interesados en el uso de determinada tecnología y los titulares de la patente que cubre dicha tecnología, negocien licencias "razonables y no discriminatorias", para acceder a las tecnologías necesarias y evitar una fragmentación de tecnologías y estándares en una industria.

Gráfico 10. Licencias FRAND

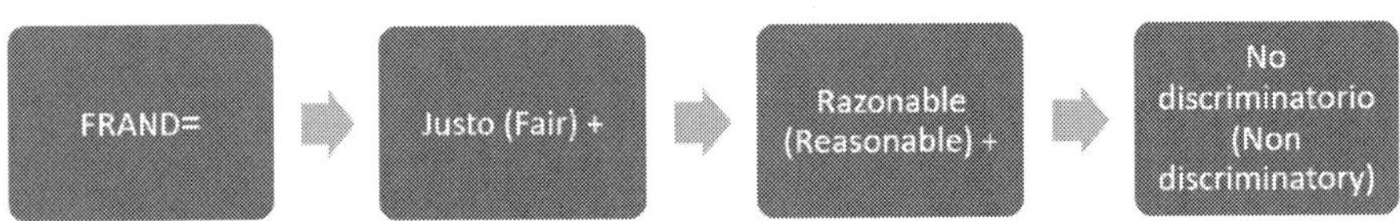

Fuente: Elaboración propia

En general, las discusiones sobre lo que es justo y razonable en el contexto de las patentes esenciales puede ser complejo, y a menudo involucra un debate interdisciplinar en cuestiones legales, sociales y económicas. Además, ¿qué quiere decir "no discriminatorio"? De hecho, las empresas que poseen patentes esenciales a menudo establecen términos diferentes para diferentes licenciatarios (ej. por ser competidores, por ser empresas más grandes, con mayor demanda de productos, etc.), lo que podría considerarse discriminatorio, pero de otro lado, las empresas que buscan

---

[100] Herrera, Luisa. "*El derecho de la competencia y las licencias FRAND: Herramientas para el acceso a invenciones*", Universidad Externado de Colombia. Bogotá. 2019. Pág. 254.

licenciar estas patentes argumentan que todos los licenciatarios deberían negociar bajo las mismas condiciones.

Es más, el titular de una patente SEP puede tener un poder significativo para controlar el acceso a tecnologías esenciales lo cual puede llevar a situaciones de abuso del derecho y/o de la posición dominante, donde el titular de la patente exige condiciones de licencia injustas o anticompetitivas, como tarifas excesivas o términos discriminatorios.

De otro lado, algunas patentes SEP pueden no ser de la mejor calidad técnica debido a la presión de tiempo y la necesidad de cumplir con los plazos para los estándares. Esto puede llevar a problemas de calidad y confiabilidad en los productos que utilizan tecnologías cubiertas por patentes SEP.

En los últimos años ha habido una creciente preocupación en la comunidad internacional sobre el abuso de patentes SEP y el impacto que esto puede tener en la competencia y la innovación. En respuesta a esta situación, algunos países y organizaciones han establecido medidas para regular el uso de patentes SEP. Por ejemplo, la Comisión Europea ha publicado directrices sobre la licencia de patentes SEP, que establecen ciertos principios para garantizar que el acceso a la tecnología sea justo, razonable y no discriminatorio. Además, algunos tribunales han dictaminado que el abuso de patentes SEP puede constituir una violación de las leyes antimonopolio.

No hay una entidad específica que certifique las patentes esenciales, pero existen organizaciones que se encargan de garantizar que los propietarios de patentes SEP cumplan con sus compromisos al otorgar licencias FRAND. Algunas de estas organizaciones son la OMPI, la Comisión Europea (CE), la Oficina de Competencia y Protección del Consumidor de los Estados Unidos (FTC) y la Organización para la Cooperación y el Desarrollo Económico (OCDE).

Estas organizaciones pueden investigar y sancionar a los propietarios de patentes que violen sus compromisos de licencia FRAND. También pueden proporcionar orientación y asesoramiento a los titulares de patentes y a las partes interesadas sobre las mejores prácticas para negociar licencias justas, razonables y no discriminatorias.

Pese a que a nivel mundial se han adoptado distintos instrumentos de *soft* y *hard* law para regular la aplicación de las licencias FRAND, en Colombia no se cuenta con una protección ni regulación claras en relación con las patentes SEP y, por ende, no es posible aplicar una limitación al ejercicio de los derechos de los titulares mediante la suscripción de licencias FRAND.

8. LIMITACIONES O EXCEPCIONES AL DERECHO DE AUTOR CUANDO HAY MINERÍA DE DATOS

La minería de datos es un proceso que consiste en descubrir patrones, relaciones, tendencias y conocimientos valiosos o útiles a partir de grandes conjuntos de datos con miras a facilitar la toma de decisiones informadas, prever comportamientos futuros, identificar oportunidades de negocio, mejorar la eficiencia en procesos y muchas otras aplicaciones.

Para lograr este propósito, se aplican diversas técnicas y algoritmos de análisis de datos, como el aprendizaje automático (*machine learning*), la estadística, la visualización de datos y otras metodologías.

Esta actividad plantea grandes desafíos en áreas como la protección de datos personales y la propiedad intelectual. Precisamente en cuanto a esta última se presenta una paradoja. "De un lado, el tratamiento automatizado de los objetos protegidos por propiedad intelectual a efectos de la minería implica actos de reproducción, lo que es un típico ejemplo de acto lesivo. Pero, por otro lado, el tratamiento automatizado se hace con la intención de obtener información o ideas (que no están protegidas por la propiedad intelectual)"[101].

Para determinar la legalidad de un acto de minería de datos en Estados Unidos se aplica la teoría del *fair use*, uso legítimo o uso razonable que consiste en que se permite la utilización limitada material protegido por derechos de autor sin obtener permiso del titular de los derechos, si cumple con ciertos criterios, como el propósito y el carácter del uso (por ejemplo, si es con fines educativos, informativos o de crítica), la naturaleza del trabajo con derechos de autor, la cantidad y sustancialidad del material utilizado y el efecto sobre el potencial mercado del trabajo original. La idea es que se puede utilizar una cantidad razonable de datos con fines legítimos, como investigación, análisis, crítica o comentarios[102].

En Europa se expidió la Directiva (UE) 2019–790 que establece una excepción al derecho de autor cuando se trate de minería de textos y datos con fines de investigación científica (artículo 3). El problema es que para muchos esta excepción es insuficiente, porque sólo se aplica a reproducciones y extracciones realizadas por organismos de investigación e instituciones responsables del patrimonio cultural.

Algo parecido ocurre con los derechos de autor y la propiedad intelectual en el contexto de las redes sociales y el contenido generado por el usuario (UGC, por sus siglas en inglés). A menudo las plataformas advierten en los términos y condiciones que al cargar contenido en una plataforma y aceptar los términos y condiciones,

---

101 García Vidal, Ángel. Propiedad intelectual y minería de textos y datos: estudio de los artículos 3 y 4 de la Directiva (UE) 2019-790. 2020. http://hdl.handle.net/10347/25639 p. 8

102 *Ibídem* Citando a: Vid., por todos, SAG, M. (2019), «The New Legal Landscape for Text Mining and Machine Learning», Journal of the Copyright Society of the USA, vol. 66, p. 291 y ss. y CARROLL, M. (2019), «Copyright and the Progress of Science: Why Text and Data Mining Is Lawful», UC Davis Law Review, vol. 53, p. 893 y ss.

los usuarios están dando su consentimiento para que la plataforma, e incluso otros usuarios, utilicen ese contenido. Algunos argumentan que, aunque las plataformas pueden tener ciertos derechos sobre el contenido del usuario, estos usos deben ser razonables y estar claramente especificados. Si las plataformas buscan utilizar el contenido de maneras que van más allá de lo razonable o no están claramente indicadas, eso podría considerarse una práctica abusiva o desleal, lo que se regula usualmente por fuera de la propiedad intelectual, mediante el derecho del consumo y el de la competencia desleal.

Pero esto aplica sólo para el contenido gratuito que crean los usuarios emocionados con una marca. En el mundo del mercadeo existen usuarios que generan contenido publicitario que parece orgánico, auténtico y espontáneo, pero es pago (algo similar a los *influencers*)[103]. Este UGC se guía por las reglas de negociación del derecho de autor si es que la creación da para generar tales derechos (es original, reproducible, está plasmada de alguna manera).

En el año 2023 surgió una controversia legal que se hizo pública cuando el *influencer* Dominic Wolff fue criticado por la Federación Colombiana de Fútbol (FCF) por usar una camiseta de la Selección Colombia en sus videos de redes sociales. Aunque Wolff afirmó que usaba la camiseta como muestra de aprecio por la cultura colombiana, la FCF argumentó que el problema radicaba en que en esos videos promocionaba marcas que no eran patrocinadoras de la fe-

103 "... "influenciador" se puede entender como la persona, que a través de redes sociales y/o plataformas digitales interactivas, al compartir su cotidianidad, intereses y experiencias con una comunidad en línea, ha logrado construir credibilidad, confianza y una imagen reconocible que le permite influir, afectar o motivar el comportamiento del consumidor. Lo anterior, sin importar si el influenciador se identifica o no como tal, toda vez que, lo relevante, es el rol que cumple." Delegatura para la protección del consumidor de la Superintendencia de Industria y Comercio de Colombia. Guía de buenas prácticas en la publicidad a través de influenciadores. 2020. Pág. 11.

deración e incluso eran competencia directa de las marcas que sí patrocinaban a la FCF[104].

De esta forma, pese a que puedan presentarse un sinnúmero de conductas infractoras de la propiedad intelectual por parte de los usuarios (ej. compartir en redes sociales la grabación de un concierto cuyas obras musicales están protegidas por el derecho de autor), en la práctica lo que les preocupa a los titulares de derechos son aquellos usos que tienen un fin económico. Casos como el de la FCF se presentan a diario y deberán resolverse sin desconocer que no toda infracción a derechos de la propiedad intelectual genera el mismo perjuicio, ni debe ser sancionada de la misma manera (cuando no existe un fin económico, la mera retirada del contenido y la prohibición de repetir dicha conducta, resulta ser suficiente).

9. LA PARADOJA DE LA PROTECCIÓN A LA MODA

En teoría, a los diseños de prendas de vestir e incluso a los accesorios y a su método de fabricación, se les puede aplicar cualquiera de las figuras de la propiedad intelectual –marcas, derechos de autor, diseños industriales, patentes– si cumplen con los requisitos legales establecidos en la ley para cada una de ellas. En la práctica, sin embargo, la situación es más complicada pues la moda es cambiante por naturaleza y una prenda de vestir que resulta valiosa para su diseñador y para sus competidores en una temporada específica, puede resultar despreciable y perder su valor en la siguiente temporada (precisamente porque “ha pasado de moda”).

Christine Cox y Jennifer Jenkins lo resumen así:

---

104 Jaramillo, Carlos. Las razones para prohibir al *influencer* Dominic Wolf de usar la camiseta de la Selección. Asuntos Legales. 17 de agosto de 2023. Consultado el 11 de marzo de 2024. Disponible en: https://www.asuntoslegales.com.co/consumidor/decision-486-de-2000-y-la-prohibicion-a-influencer-de-usar-la-camiseta-de-la-seleccion-3681793

> "(los) diseños de moda, sobre todo para la ropa, se sitúan entre las costuras de los derechos de la propiedad intelectual. En general no se conceden a los artículos de vestuario, porque las prendas de vestir, que son a la vez creativas y funcionales, son consideradas "artículos útiles" en contraposición a las obras de arte. Las patentes de diseño están destinados a proteger los diseños ornamentales, pero rara vez la ropa reúne los exigentes criterios de patentabilidad, a saber, la novedad y la no obviedad (nivel inventivo). Los signos distintivos sólo protegen las marcas y los logotipos, no el vestido en sí…"[105].

En la mayoría de los países[106], el diseñador de moda puede optar por proteger sus creaciones mediante diseños industriales que protegen la apariencia particular de un producto que se obtenga a partir de una reunión nueva, especial y visible de líneas, colores, texturas, materiales, contornos, ornamentaciones y/o matices, sean bidimensionales o tridimensionales. Una prenda de vestir obtendrá reconocimiento como diseño industrial si es nuevo, tiene un diseño especial y es visible durante su uso normal.

La apariencia de un producto es novedosa cuando es diferente de la que tienen los demás productos de su clase. El legislador colombiano considera que no hay novedad en un diseño cuando éste sólo presenta diferencias secundarias con respecto a otras

---

105 Cox, Christine & Jenkins, Jennifer. *Between the seams, a fertile commons: An overview of the relationship between fashion and intellectual property*, The Norman Lear Center, 2005, p. 6.

106 "… el derecho comparado ofrece soluciones. Para definir el alcance de la protección de la moda a través de los "diseños industriales", Colombia se encuentra orientada por dos influencias. De un lado, puede identificarse la corriente estadounidense que protege las creaciones de moda por las *design patents* o patentes de diseño. De otro, se observa el influjo europeo que recurre a los dibujos o modelos industriales. (…) las normatividades europea y francesa se convirtieron en la bitácora que orienta a países en vías de desarrollo como Colombia en la definición de un régimen de protección más adecuado para la industria de la moda." Salas, Brenda. *La moda y la propiedad intelectual Una mirada desde la perspectiva de los diseños industriales en Colombia, Francia y la Unión Europea.* Universidad Externado de Colombia. Bogotá, 2019. P. 30 y 31.

realizaciones anteriores, o cuando el público ha tenido acceso a él, en cualquier lugar del mundo y por cualquier medio, antes de la fecha de solicitud de reconocimiento como diseño industrial[107]. De ello se desprende que la exigencia de novedad puede ser un requisito difícil de cumplir en el mundo de la moda, en donde constantemente se hacen ferias y desfiles, se publican fotografías de los diseños en revistas especializadas y existen sitios de Internet que difunden constantemente las nuevas tendencias.

Un producto, que puede ser una prenda de vestir o una joya, tendrá un diseño especial cuando su apariencia no está determinada por la función que cumple[108]. En el caso de la moda resulta complejo cumplir este requisito si se piensa, por ejemplo, en que todo pantalón o blusa tendrá dos mangas, todo sombrero la forma de la cabeza, todo zapato la forma de un pie, etc. De esta forma, el margen de creatividad se ve limitado en lo relacionado con la forma del cuerpo humano, al ser el destino natural en la industria de la moda.

Si una prenda de vestir o accesorio cumple los requisitos anteriores entonces su diseñador podrá presentar la solicitud de registro de diseño industrial directamente ante la Superintendencia de Industria y Comercio. Si la solicitud es aceptada, el diseñador tendrá el derecho de excluir a terceras personas de la explotación del correspondiente diseño y podrá perseguir judicialmente a quien

---

[107] El artículo 115 de la Decisión 486 señala que no hay novedad cuando el público ya ha tenido acceso a una descripción, utilización o comercialización del diseño en cualquier parte del mundo y por cualquier medio. Un diseño industrial no es nuevo por el mero hecho que presente diferencias secundarias con respecto a realizaciones anteriores o porque se refiera a otra clase de productos distintos a dichas realizaciones.

[108] Como ejemplo de un producto cuya apariencia está determinada por la función que cumple, Felipe Rubio cita los tubos de agua, ya que su apariencia cilíndrica y hueca es indispensable para transportar agua — véase Rubio Torres, Felipe. *Propiedad intelectual para la MIPYME*, USAID, Bogotá, 2008, p. 72.

produzca o comercialice un diseño que sea idéntico o presente diferencias secundarias por un término de diez (10) años contados a partir de la fecha de la presentación de la solicitud[109]. A pesar de lo anterior, la protección ofrecida por el diseño industrial no es la más recomendada. "Incluso si los diseñadores de moda desarrollan un diseño que cumple el criterio de la novedad, el proceso de obtención de un diseño industrial en la mayoría de los casos es demasiado largo y costoso para hacer del diseño industrial una alternativa práctica[110]. Para la fecha en que el diseñador obtenga el registró del diseño, será inútil porque la vida comercial del diseño ha caducado"[111].

Otra opción es el modelo de utilidad, que consiste en toda nueva forma, configuración o disposición de elementos de algún objeto, artefacto, herramienta, instrumento, mecanismo o parte de los mismos que redunde en un mejor o diferente funciona-

---

109 En la Unión Europea existe el diseño comunitario no registrado. "Esta protección se obtiene sin ningún trámite, simplemente poniendo el diseño a disposición del público, y dura tres años. Habida cuenta de que la mayoría de los diseñadores empiezan a preocuparse por la protección cuando han sido víctimas de la falsificación, el diseño comunitario no registrado ofrece una buena alternativa al registro" —Fischer, Fridolin. *Legislación relativa a los diseños en el sector europeo de la moda,* En: Revista de la OMPI, n.° 1, 2008, pp. 12-14—.

110 "Ahora, en lo que concierne a las condiciones de forma, se observa que el régimen andino y el colombiano no son efectivos por el costo que tiene que pagar el diseñador de moda para que se conceda el registro y por las demoras que se presentan en la concesión. Al ser lento el proceso de obtención del registro, genera consecuencias adversas en el acceso al derecho y en el desarrollo de procesos de innovación necesarios en esta área" Salas, Brenda. *La moda y la propiedad intelectual Una mirada desde la perspectiva de los diseños industriales en Colombia, Francia y la Unión Europea.* Óp. Cit. Pág. 288.

111 Cox & Jenkins, ob. cit., p. 12. Véase, por ejemplo, las dificultades encontradas en Jack Adelman, Inc. *v.* Sonners & Gordon, 112 F. Supp. 187, 190 (S.D.N.Y. 1934); y Cheney Bros. *v.* Doris Silk, 35 F.2d 279 (2nd Cir. 1929), *cert. denied,* 281 U.S. 788 (1930).

miento del objeto que le incorpore o que le proporcione alguna utilidad, ventaja o efecto técnico que antes no tenía (una solución a un problema de la técnica).[112] Deben cumplir ciertos requisitos y los diseñadores solamente podrán obtener protección por vía del modelo de utilidad sobre prendas de vestir que, por ejemplo, además de cubrir el cuerpo de quien las lleva, protejan su vida ante un atentado terrorista, como sería el caso de las prendas antibalas. También podrían aplicarse al caso de un *brassier* que, por su especial configuración, genere la impresión de un aumento notable en el tamaño del busto de una mujer (para cumplir con la idea estereotípica de belleza determinada por el trascurso histórico de las sociedades principalmente occidentales[113]).

Si la solicitud de protección en Colombia es aceptada por la Superintendencia de Industria y Comercio, el creador del modelo de utilidad tendrá el derecho de excluir a terceros de la explotación de su nueva creación y podrá perseguir, judicialmente y durante 10 años, a quien produzca o comercialice un producto que incluya un modelo idéntico o que presente diferencias secundarias. Los moldes para los bolsos y las estampaciones de tejido[114]

---

112 Sin embargo, "...las condiciones de las características de modelos de utilidad son menos estrictas que para las patentes, ya que el requisito de "altura inventiva" es menos estricto o no se aplica" —Organización Mundial de la Propiedad Intelectual (OMPI). *Inventar el futuro. Introducción a las patentes dirigidas a las pequeñas y medianas empresas,* OMPI, Ginebra, publicación 917, p. 10—. Por estas características, Baldo Kresalja denomina a las patentes de modelos de utilidad como *petty patents* o *short-term patents* —Kresalja Rosselló, Baldo. *La política en materia de propiedad industrial en la comunidad andina,* en: Derecho Comunitario Andino, Pontificia Universidad Católica del Perú, 2003, p. 238—.

113 Lago, Fernanda. *La imagen corporal femenina y la belleza como producción cultural y subjetiva".* Universidad de la República. Montevideo, 2017. Pág. 44.

114 Cardenal, Mercedes & Salcedo, Elena. *Moda y empresa,* Granica, Barcelona, 2004, p. 39.

son ejemplos modernos de modelos de utilidad mientras que la *licra*, el *kevlar* y el *velcro* lo fueron en su momento[115].

Además, los diseños de prendas de vestir y los accesorios se pueden calificar como "obras de arte aplicado", es decir, creaciones artísticas elaboradas no solo para ser contempladas sino también para cumplir funciones utilitarias[116], a saber, para ser comercializadas a escala. En el mundo no ha sido fácil lograr que los objetos útiles como aquellos que se califican como moda obtengan la protección del derecho de autor porque no existe uniformidad en las diferentes legislaciones del mundo sobre el tratamiento que debe darse a las obras de arte aplicado[117].

Algunos países sostienen que el derecho de autor no debe hacer discriminación entre obras de arte aplicado y obras de arte propiamente dichas (teoría de la unidad del arte)[118]. Otros países aplican la teoría de la separabilidad, según la cual sólo se pueden proteger como obras de arte aplicado aquellas obras donde sea posible separar —física o conceptualmente— su aspecto estético de la función utilitaria[119].

---

115 Scafidi, Susan. *Intellectual property and fashion design*. En: Intellectual Property and Information Wealth, Greenwood Publishing Group, 2007, p. 122. Específicamente el Kevlar es una fibra que se usa para elaborar cascos, ropa resistente y chalecos antibalas.

116 La Decisión Andina 351 de 1993 define la obra de arte aplicado así: "Creación artística con funciones utilitarias o incorporada en un artículo útil, ya sea una obra de artesanía o producida en escala industrial".

117 De acuerdo con el Convenio de Berna de 1886 en su artículo 7.4.: "Queda reservada a las legislaciones de los países de la Unión la facultad de establecer el plazo de protección para las obras fotográficas y para las artes aplicadas, protegidas como obras artísticas; sin embargo, este plazo no podrá ser inferior a un periodo de veinticinco años contados desde la realización de tales obras".

118 Chaves, Antonio. *Protection of distinctive signs not complemented in the industrial property*, RIDA, 9.° 130, 1986, p. 84.

119 Estados Unidos, 17 U.S.C. 101,102.

Colombia aplica una teoría mixta según la cual una obra puede estar protegida al mismo tiempo por el derecho de autor y por el derecho de los diseños industriales, si cumple con los requisitos de cada una de estas figuras. Si bien para el caso del derecho de autor, la Ley 23 de 1982 requiere que el valor artístico sea "separable" física o conceptualmente de su carácter industrial[120], tal requisito debe entenderse como suspendido por la Decisión 351 de 1993, toda vez que en esta última norma no se incluye distinción alguna entre las obras de arte aplicado y las demás obras artísticas o literarias sujeto de protección por el derecho de autor[121]. En todo caso, dado que el derecho de autor concede un reconocimiento a la obra artística incorporada en el elemento utilitario, y no a éste en sí mismo considerado[122], una creación estará protegida desde esta rama siempre que sea original, provenga del intelecto humano y no cumpla una función meramente técnica.

Una de las razones por las que se utiliza poco el derecho de autor en la moda es porque la necesidad de protección es efímera. Las colecciones de moda generalmente requieren una protección temporal, ya que dependen de la estación del año o del motivo por la cual se presentan (ej. los diseños de vestidos de novia). Es por esto que el Acuerdo ADPIC, aplicable y vigente en Colombia desde 1994, dispone que los países miembros son libres de proteger o no a las obras de arte aplicado mediante derechos de autor y/o figuras

---

120 "Las obras de arte aplicadas a la industria sólo son protegidas en la medida en que su valor artístico pueda ser separado del carácter industrial del objeto u objetos en las que ellas puedan ser aplicadas" —Art. 6, inc. 3°, L. 23/82—.

121 "Tratándose de obras de arte aplicado, las oficinas de derecho de autor deben verificar de manera exhaustiva el cumplimiento irrestricto de los requisitos establecidos para considerar una creación como obra protegible por el derecho de autor, en el sentido de que debe tratarse de una creación intelectual original de naturaleza artística". Tribunal de Justicia de la Comunidad Andina. Proceso 319-IP-2019. 21 de junio de 2021.Magistrado Ponente: Hernán Rodrigo Romero Zambrano.

122 Colombia, Dirección Nacional de Derecho de Autor, Circular 10 del 5 de diciembre de 2003.

de la propiedad industrial, y que en el caso de la protección de los modelos textiles, dado que tienen una vida efímera pues dependen de las tendencias de la moda, los países deberán procurar establecer procedimientos simples, económicos y expeditos.

Otro de los impedimentos es que en las obras de arte aplicado es difícil probar la originalidad. Esto se da, pues el objeto del derecho normalmente tendrá una forma determinada por la función que cumple, o porque la parte artística es desarrollada por el autor siguiendo unos lineamientos concretos dados por quien encarga la obra utilitaria. Al respecto, Ernesto Rengifo ha dicho: "[n]o todo diseño industrial está protegido por el derecho de autor; para que sea protegible es necesario realizar un juicio de separabilidad, esto es, escindir el valor artístico del valor industrial. Y esa escisión —material o ideal— permitirá apreciar si el mérito artístico es suficiente para atraer protección por parte del derecho de autor"[123].

Esta cuestión se ha debatido en varios países, entre ellos Estados Unidos, en donde se propuso, en 2006, una la ley contra la piratería del diseño —*Design Piracy Prohibition Act*—[124]. Esta regulación establece la posibilidad de proteger los diseños de prendas de vestir para hombres, mujeres y niños, ropa interior, sombreros, guantes, zapatos, carteras, bolsos, cinturones y monturas de gafas durante un período de tres años a través de una figura *sui generis*. Sin embargo, la ley aún no ha sido aprobada.

Vale la pena mencionar que los moldes, dibujos y las figuras que crean los diseñadores antes de elaborar las prendas, así como los retratos que toman los fotógrafos de las modelos exhibiendo las prendas de vestir, no son obras de arte aplicado sino obras de arte propiamente dichas, que si cumplen los requisitos pertinentes podrán ser

---

[123] Rengifo, Ob. Cit., p. 110.

[124] El texto completo de esta ley está en http://thomas.loc.gov/cgi-bin/query/z?c109:H.R.5055. <visitado el 20 de enero de 2009>.

protegidas por el derecho de autor[125]. Lo mismo puede predicarse de las obras pictóricas, fotográficas o incluso de arte digital que se imprimen en camisetas y demás prendas de vestir (ej. la fotografía o dibujo de una banda de rock, un cuadro realizado por algún artista o cualquier otro diseño impreso en las prendas de vestir).

Si bien resulta algo extraño hablar de patentes de invención y moda, lo cierto es que varias empresas del mundo han patentado procedimientos relacionados con el tratamiento de telas para prendas de vestir. Es el caso de *Novozymes*, una empresa danesa de biotecnología (www.novozymes.com) que patentó una tecnología que permite desteñir o "deslavar" la tela de los jeans. "(...) (la tecnología) se basa en una enzima denominada celulasa, que elimina parte del tinte de color índigo de la tela de los vaqueros dando la impresión de que está desgastada"[126].

De cualquier forma algunos autores[127] sostienen las marcas son lo mejor para proteger los diseños de moda si tenemos en cuenta que ellas se pueden renovar indefinidamente mientras que todas las otras figuras tienen una existencia temporal. Esta afirmación es cierta también en Colombia, dado que el derecho de autor en el país tiene una duración de hasta 80 años después de la muerte del autor (70 años desde la publicación de la obra si es una persona jurídica); los diseños industriales y los modelos de utilidad se protegen por 10 años y una patente de invención estará vigente hasta por 20 años. En cambio una marca, aunque obtiene un re-

---

125 Esta tesis fue argumentada por primera vez en el caso Mazer *v.* Stein (347 U.S. 201 (1954)), donde la Corte Suprema de los Estados Unidos protegió unas estatuillas utilizadas como base para una lámpara, como quiera que, en su concepto, se trataba de una obra estética separable de la obra de arte aplicado.

126 Revista de la OMPI. *La propiedad intelectual en la industria de la moda.* mayo-junio 2005, p. 17, http://www.wipo.int/sme/es/documents/wipo_magazine/5_2005.pdf <visitado el 20 de enero de 2009>.

127 Pearson, Lisa; Estrin, Lauren; & Zhong, Ling. *In vogue. IP protection for IP design*, En: Copyright World, n.° 169, 2007, p. 23.

gistro por 10 años, en principio podría renovarse indefinidamente por periodos sucesivos de otros 10 años.

A todo lo anterior debemos agregar los recientes casos de infracción contra la propiedad intelectual cometidos en el Metaverso (o en los sistemas de realidad aumentada, AR por sus siglas en inglés, para no limitarnos a los desarrollos de una empresa en relación con esta tecnología), el mercado de obras digitales a través de NFTs[128], o su recreación por parte de los aplicativos de inteligencia artificial generativa. Para unos esto debe ser aplaudido por poner a la industria de la moda a tono con las nuevas tendencias y para otros debe ser sancionado al aprovecharse de la reputación de los diseños reconocidos (ej. los bolsos Birkin o Kelly de Hermès y su puesta en el "Metaverso").

Todo esto lo hemos explicado para hablar de la "paradoja de la piratería" (*the piracy paradox*) en los diseños de moda, que es una teoría creada por Kal Raustiala y Christopher Sprigman, según la cual imitar una prenda de vestir no impedirá la innovación en la industria textil, pues una imitación, contrario a lo que se piensa, no será perjudicial para los diseñadores, sino que fomentará la innovación y aumentará los beneficios de la industria[129].

Gráfico 11. Paradoja de la moda

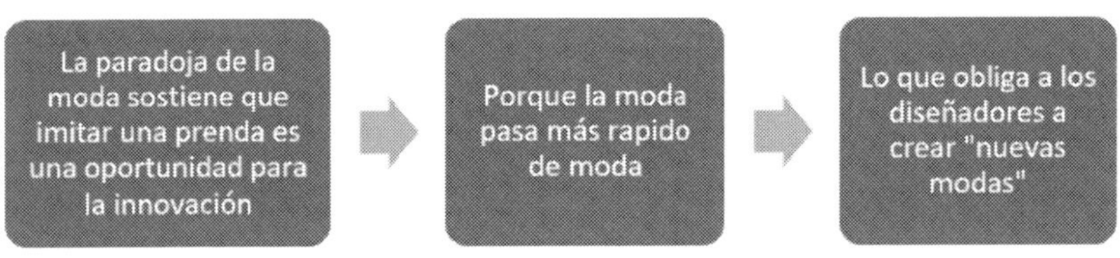

Fuente: Elaboración propia

---

128 Véanse los siguientes casos: Hermes International et al v. Rothschild, No. 1:2022cv00384. Nike, Inc. v. Stockx LLC, No. 1:2022cv00983.

129 Raustiala, Kal & Sprigman, Christopher. *The piracy paradox. Innovation and intellectual property in fashion design*, en: Virginia Law Review, vol. 92, n.° 8, 2006, pp. 1717-1775.

Los diseños de la moda son bienes que "posicionan" a los diseñadores frente al público consumidor; en la medida en que un diseño crezca en popularidad, aumentará su demanda. Sin embargo, siempre llega un punto en que el mercado comienza a ver el diseño como "obsoleto" y por ende buscarán uno nuevo que, de alguna manera, reemplace al anterior. La imitación de la moda, por tanto, acelera este proceso y logra que el público en general desee comprar la nueva colección de prendas disponibles y ofertadas por los diseñadores.

De cualquier forma para abordar este debate hay que considerar lo siguiente (i) si es deseable o no la protección para las creaciones de la industria de la moda, en los términos consagrados actualmente por la ley, (ii) si es deseable adoptar una protección *sui generis*, o (iii) si lo mejor es abolir todo tipo de derecho de propiedad para los diseños dentro de la industria de la moda, buscando que la protección de las prestaciones comerciales de los empresarios se den en torno a los demás derechos de propiedad intelectual que ya existen y se protegen en forma efectiva (marcas sobre los productos, nombres y enseñas comerciales sobre la actividad de los empresarios en el comercio, derecho de autor sobre los dibujos, fotografías y demás creaciones impresas en los diseños, patentes de invención y modelo de utilidad sobre aquellos diseños cuya función soluciona un problema de la técnica, etc.).

10. LA DISCUTIBLE PROTECCIÓN DE LA PRESENTACIÓN VISUAL DE LAS CREACIONES CULINARIAS MEDIANTE EL DERECHO DE AUTOR

Con este apartado no buscamos analizar la conveniencia de la protección de las recetas como obras literarias por el derecho de autor, puesto que tal protección se da por sentada (comprendiendo que lo que se protege es la forma de expresión de los autores, más no su contenido en sí mismo y mucho menos el resultado de los platos preparados). Tampoco nos referiremos a la protección de las llamadas Especialidades Tradicionales Garantizadas (ETG) o las Denominaciones de origen (DO), como tipos de protección que apelan a las diferentes cualidades de las creaciones culinarias, a partir de sus características esenciales. Este debate se centra únicamente en la apariencia o presentación visual de las creaciones culinarias, es decir, como se ve lo que se sirve en el plato.

Para algunos autores, la presentación visual de una preparación puede estar protegida por el derecho de autor siempre que se trate de una creación original[130]. Según ellos tal protección no se extiende a las "recetas de cocina" en sí mismas, dado que ellas constituyen simples directivas o instrucciones de las cuáles no puede predicarse suficiente creatividad[131].

> "... la receta en sí misma...está más del lado de la propiedad industrial en lo que se refiere a los elementos o procesos técnicos novedosos que se utilicen en su elaboración (por ejemplo, en EE. UU., la clase 426 de la Clasificación Nacional de Patentes es "comida o material comestible, procesos composiciones y productos"), que de lado de la propiedad intelectual, porque en sí misma, la receta como tal, carece de protección de derechos de autor al no considerarse la disposición de los elementos de un plato y la descripción del proceso para su elaboración, obra artística. Y por lo tanto el Chef tampoco es un intérprete ejecutante (...)"[132].

---

130 Aylwin Victoria. "Apuntes sobre la posibilidad de protección intelectual de las creaciones culinarias en Chile." *Derechos Intelectuales*, 21, 2016, p. 17-38.

131 En este mismo sentido la Oficina de Copyright de Estados Unidos considera que no están protegidas y pueden, por tanto, ser libremente reproducidas. En efecto "La ley de propiedad intelectual no protege recetas que son un mero listado de ingredientes. Tampoco protege otras listados de ingredientes como formulas, compuestos o recetas médicas. Pero sí pueden gozar de protección las expresiones literarias como descripciones, explicaciones e ilustraciones, que acompañen a la receta o fórmula o una combinación de recetas, como un libro de cocina". Disponible en sitio oficial http://www.copyright.gov/fls/fl122.html, fecha diciembre de 2011 U.S. Copyright Office Washington, D.C. 20559-6000.

132 Melian Juan Carlos, El "León come gamba" de Masterchef y la Propiedad Intelectual. Melián & Abogados, 26 de mayo de 2015. Disponible en http://mymabogados.com/el-leon-come-gamba-y-la-propiedad-intelectual.html

Con la protección vía derechos de autor de la presentación de un plato se busca resguardar a su creador de la posible reproducción no autorizada de dicha presentación por parte de un tercero, su enriquecimiento injusto y la posible vulneración del prestigio y estatus construido por el esfuerzo intelectual del verdadero titular –afectación de intereses morales–[133].

> "Esta forma de visibilizar la obra culinaria puede perfectamente equipararse a una obra plástica como una escultura o pintura, pues la forma en que se distribuyen los alimentos, la inclusión y manejo de colores, entre otros elementos, pueden dar vida a un plato único. Si entendemos, como lo he señalado, que las obras de arte tienen como fin primordial ser fuente de placer estético en todas las dimensiones posibles y capacidades sensoriales del ser humano, se puede romper con ese fin natural y clásico de que las artes culinarias sólo entregan placer al paladar, pasando a ser este secundario y por tanto proteger otro tipo de goce "el visual" que puede ser inclusive muy superior al mero placer gustativo"[134].

La autora citada sugiere que estas creaciones se pueden registrar en una plataforma virtual denominada *safecreative*[135] que ha sido ideada para adaptarse a las nuevas formas de representación de obras creativas. Además, sugiere que podría crearse formalmente un "registro de autoría culinaria a nivel local o regional", en donde fotografiando el platillo y haciendo una descripción escrita de su representación, se pueda inscribir con el objeto de obtener un reconocimiento público de la "obra" y su autoría, además de poder acreditar su titularidad. Estos registros pueden ser administrados por una asociación gastronómica de carácter técnico, que haga una evaluación previa de altura creativa antes de hacer la inscripción[136].

Otros sostienen que las creaciones culinarias no deberían ser objeto de protección principalmente por la rapidez con que evo-

---

133 Aylwin Victoria. Op. Cit.

134 Aylwin Victoria. Op. Cit.

135 Disponible en: https://www.safecreative.org

136 Aylwin Victoria. Op. Cit.

lucionan y se difunden (similar al análisis que hicimos dentro de la protección a los diseños en la industria de la moda). Sin embargo, Aylwin sostiene que esta no es una crítica válida ya que la fijación visual es permanente si se registra por medio de una imagen.

Hay quien afirma que debe existir protección pero que ella no debe venir de la propiedad intelectual sino de una especie de autorregulación diseñada por los chefs mismos. Por ejemplo *Emmanuelle Fauchart y Eric von Hippel*[137] en el artículo *Norms–Based Intellectual Property Systems: The Case of French Chefs,* sostienen que entre los más renombrados chefs existen unas "normas no escritas", una especie de códigos de buena conducta, que les permiten crear y copiarse; así, el derecho privado y las normas informales resultan de vital importancia, supliendo los vacíos o casos en los que la normativa de propiedad intelectual no resulta aplicable.

Los autores de este texto pensamos que el jefe de cocina que considere su derecho infringido no necesita acudir a las normas sobre PI, sino que puede acudir a otros mecanismos de protección tales como las normas sobre la competencia desleal, así como a la firma de acuerdos de confidencialidad entre asistentes y colaboradores de cocina y el chef o el restaurante. La autorregulación resulta fundamental en aquellos casos en los que la ley no actúa o resulta ineficaz o ineficiente (puede demandarse la infracción al derecho de autor, pero quizá resulte mejor persuadir contractualmente o mediante una simple negociación, para evitar la reproducción de creaciones que un chef considere propias).

Se ha discutido si los comensales pueden fotografiar un plato y difundirlo en redes sociales sin autorización del chef[138]. Algunos

---

137 *Passim* Emmanuelle Fauchart y Eric von Hippel, *Norms-Based Intellectual Property Systems: The Case of French Chefs,* Volume 19, Issue 2, *Organization Science,* 37, (2007).Disponible en http://papers.ssrn.com/sol3/papers.cfm?abstract_id=721182

138 El chef Gilles Goujon, del restaurante L'Auberge du Vieux Puits de Francia, reconocido con tres estrellas Michelin, comenzó una cruzada

restaurantes han llegado a imponer a los comensales la prohibición de fotografiar la presentación de las preparaciones[139] pero, más allá del resultado y de la eventual afectación o limitación a los derechos de los consumidores, cabe preguntarse si el derecho de propiedad intelectual avala este tipo de "medidas de protección" ¿Será que un plato de comida tiene derecho a la imagen? ¿Será que estamos exagerando en el interés de proteger toda creación? ¿Y si hubiéramos tenido que pagar regalías durante 80 años a quien dijo que el ajiaco se sirve en plato de barro o que las empanadas tienen la forma triangular que tanto las caracteriza?

---

para prohibir que sus creaciones se compartan en las redes sociales. Citado por Aylwin Victoria. Op. Cit.

139 Alexandre Gauthier, chef del Restaurante La Grenouillère, galardonado con una estrella Michelin y número 54 en la 'Lista de los 100 Mejores Restaurantes del Mundo 2013', puso una imagen de prohibido fotografiar para que los comensales sepan que las cámaras fotográficas o cualquier dispositivo que pueda hacer fotos, no son bienvenidos en el restaurante. Disponible en http://gastronomiaycia.republica.com/2014/02/14/algunos-chefs-franceses-no-quieren-que-se-tomen-fotos-de-sus-platos/ Citado por Aylwin Victoria. Apuntes sobre la posibilidad de protección intelectual de las creaciones culinarias en Chile. ASIPI, Derechos Intelectuales 21, 2016, p. 17-38.

V. Alternativas y modelos a futuro

No toda creación intelectual debe tener un título de propiedad, pero eso no significa que los creadores no puedan obtener un rédito por su actividad creativa. Como hemos analizado en los capítulos anteriores, usualmente se cree que proteger la propiedad intelectual equivale a registrar marcas, obtener patentes o asegurar los derechos de autor, a toda costa, y sin importar si la protección es improcedente (ej. la protección para aplicativos de IA en vez de los "autores" como personas naturales), inconveniente (ej. los diseños industriales sobre prendas de vestir, debido al tiempo y costos del registro) o abiertamente cuestionable (ej. protección del software desde el derecho de autor y el derecho de patentes), pero se olvida que las batallas para la defensa del capital intelectual se pueden dar mucho antes, por ejemplo, mediante el diseño de una política coherente de protección de los secretos comerciales, la redacción adecuada de contratos de trabajo y la negociación de cláusulas o acuerdos de confidencialidad oportunos.

1. VÍA CONTRACTUAL

Las invenciones y las obras artísticas pueden, hasta cierto punto, protegerse legítimamente por vía contractual. "Esta solución de mercado consiste en establecer compromisos aceptados voluntariamente por las partes, no privilegios otorgados por el Estado en forma de monopolios legales que vinculan a todos"[1].

---

1 Espluglas Boter Albert. El monopolio de las ideas: contra la propiedad intelectual. www.liberalismo.org. https://www.liberalismo.org/articulo/321/69/monopolio/ideas/propiedad/intelectual/ Consultado 25 de agosto 2022.

Ahora bien, la formula contractual puede no ser la panacea porque los contratos solo obligan entre a partes y no a los terceros, además de estar limitados por las normas imperativas fundadas en el orden público. Si se pacta que no se pueden hacer copias, el extremo contractual que las haga estará violando el contrato, "pero un tercer individuo que da con un ejemplar abandonado no tiene obligación contractual alguna". Es por esto que algunos señalan que la vía contractual no sería un sustitutivo absoluto de los "derechos reservados" propios del derecho de autor (y de las demás ramas del derecho de propiedad intelectual) que sí vincula a todos, con independencia de si han o no formalizado su consentimiento[2].

En la vida real puede haber otras críticas a la solución contractual, derivadas de la imposibilidad de controlar el destino de sus creaciones. Supongamos que el autor de un libro exige en un contrato que los individuos no rasguen ninguna de las páginas, o prohíbe su reventa a través de determinados canales. Si algún comprador lo hace, incumple el contrato ¿Cómo puede saber el autor si alguien ha roto una página de su obra o revendido un ejemplar a través de un canal no deseado por el autor? ¿Cómo puede asegurarse de que los compradores están cumpliendo correctamente con lo estipulado en el contrato? Así, la vía contractual, además de las limitaciones impuestas debido a su propia naturaleza (sólo vincula a las partes firmantes, no a terceros) y en virtud del orden público (normas que no pueden ser pactadas en contrario), posee también limitaciones prácticas que restringen su aplicabilidad[3].

---

2 Véase Williamson Evers, "Toward a Reformulation of the Law of Contracts", Journal of Libertarian Studies, 1977; Stepahn Kinsella, "A Libertarian Theory of Contract: Title Transfer, Binding Promises and Inalienability", Journal of Libertarian Studies, 2003; Murray Rothbard, "La ética de la libertad", Unión Editorial, 1995, pág. 191-213. Citado por Espluglas Boter Albert. El monopolio de las ideas: Op. Cit.

3 Esplugas Boter, Albert. El monopolio de las ideas: contra la propiedad intelectual. Procesos de mercado: revista europea de economía política, ISSN 1697-6797, Nº. 1, 2006, p. 47-104.

Sin embargo, a través de ciertos contratos es posible, por ejemplo, establecer acuerdos entre las partes para garantizar el uso adecuado y la compensación por el uso de activos intangibles. Hablamos de los acuerdos de confidencialidad (*Non–Disclosure Agreements* – NDAs) que se utilizan para proteger información confidencial y secreta y de otro tipo de contratos para la disposición de los activos de propiedad intelectual, como son los de licencia, mediante los cuales una parte otorga a otra una licencia para usar su invención, obra protegida por derechos de autor, marca registrada o cualquier otro activo intelectual. En el contrato de licencia, se especifican los términos y condiciones bajo los cuales la parte licenciataria puede utilizar el activo, incluyendo el alcance de uso, la duración de la licencia y las regalías o pagos correspondientes.

Así mismo, al contratar empleados o prestadores de servicios, se pueden incluir cláusulas que establezcan que cualquier creación durante el período de empleo o prestación de servicios pertenecerá al empleador o cliente. Si bien este tipo de creaciones (las realizadas por encargo) se entienden transferidas en el derecho de autor[4] y la propiedad industrial[5], bajo el cumplimiento de deter-

---

4 El artículo 28 de la Ley 1450 de 2011, que modificó el artículo 20 de la Ley 23 de 1982, establece lo siguiente: "En las obras creadas para una persona natural o jurídica en cumplimento de un contrato de prestación de servicios o de un contrato de trabajo, el autor es el titular originario de los derechos patrimoniales y morales; pero se presume, salvo pacto en contrario, que los derechos patrimoniales sobre la obra han sido transferidos al encargante o al empleador, según sea el caso, en la medida necesaria para el ejercicio de sus actividades habituales en la época de creación de la obra. Para que opere esta presunción se requiere que el contrato conste por escrito. El titular de las obras de acuerdo a este artículo podrá intentar directamente o por intermedia persona acciones preservativas contra actos violatorios de los derechos morales informando previamente al autor o autores para evitar duplicidad de acciones".

5 El artículo 29 de la Ley 1450 de 2011 establece: "Transferencia propiedad industrial. Salvo pacto en contrario, los derechos de propiedad industrial generados en virtud de un contrato de prestación de servicios

minadas circunstancias, lo recomendable en todo caso es que las partes acuerden expresamente la transferencia de todos los derechos de propiedad intelectual. Además, las partes deberán regular y limitar contractualmente el destino de los activos que no sean susceptibles de protección, pero que puedan traer valor al encargante.

Un ejemplo de un contrato a través del que se dispone sobre distintas creaciones, protegidas o no por la propiedad intelectual, es el caso de los contratos de franquicia, que permiten autorizar a otro el uso de marcas comerciales y *know–how* (conocimiento y técnicas comerciales para operar un negocio en una ubicación específica). Estos contratos establecen las pautas y términos para el uso de la marca y la transmisión de conocimientos y métodos comerciales, buscando siempre que las prestaciones mercantiles de la franquicia sean el reflejo del *good will* del franquiciante.

A los anteriores contratos se suman, desde luego, los contratos de cesión de derechos mediante los cuales el titular de derechos de propiedad intelectual transfiere total o parcialmente sus derechos a otra parte, que se denomina adquirente. Estos contratos deben revisarse a conciencia por cada una de las partes, buscando evitar regulaciones excesivamente gravosas para alguna de ellas, lo que podría pasar, por ejemplo, cuando un adquirente que desea comercializar copias físicas de un libro, además de adquirir los derechos de reproducción y distribución de ejemplares físicos, adquiere derechos tales como la adaptación cinematográfica de la obra, derechos que podrían permanecer y ser explotados por parte del titular original.

Las posibilidades que la vía contractual ofrece nos llevan a concluir que, en la mayoría de los casos, el problema de la propiedad intelectual no se presenta en cuanto al derecho sustancial (i.e. que deban otorgarse más derechos a los titulares), sino en cuanto a su disposición por vía contractual. Por más derechos que otor-

---

o de trabajo se presumen transferidos a favor del contratante o del empleador respectivamente. Para que opere esta presunción se requiere que el contrato respectivo conste por escrito."

gue la ley, si un titular celebra un contrato excesivamente gravoso en su contra, podrá perder el control sobre sus creaciones, a cambio de una remuneración insuficiente.

2. LA VÍA DE LOS SECRETOS EMPRESARIALES

Cuando hablamos de los secretos empresariales, nos referimos a todo dato, información o conocimiento que sea secreto, es decir, que no sea generalmente conocido ni fácilmente accesible para el público en general o para las personas que se mantienen en los círculos en los que normalmente se emplea ese tipo de información[6]; que se pueda usar real o potencialmente en los negocios[7]; que otorgue al empresario una ventaja competitiva sobre sus competidores; y, que por esa misma razón, el empresario desee mantener oculto.

En Colombia se discute si secreto empresarial es lo mismo que información no divulgada, secreto industrial, secreto comercial y *know how.* La respuesta, a grandes rasgos, es afirmativa, pues se trata de expresiones que utilizan distintos cuerpos normativos para referirse a una misma situación, así:

- "Secretos Industriales" es el término usado en el artículo 34 e "Información no divulgada" es el término que emplea el

---

6 El artículo 260 de la Decisión 486 de 2000 exige que la información sea secreta, en el sentido que como conjunto o en la configuración y reunión precisa de sus componentes, "no sea generalmente conocida ni fácilmente accesible *por quienes se encuentran en los círculos que normalmente manejan la información respectiva* (...)". (La cursiva es nuestra)

7 "La mera posibilidad técnica de aplicación práctica de los conocimientos científicos debería ser suficiente para otorgarles la protección que cabe a los procedimientos técnicos". Cabanellas de las Cuevas, Guillermo. *Régimen jurídico de los conocimientos técnicos. Know how y secretos comerciales e industriales.* Buenos Aires: Editorial Heliasta, 1984, pp. 45 y 52.

artículo 39 del Acuerdo sobre los Derechos de Propiedad Intelectual relacionados con el Comercio –ADPIC–.

- "Secreto empresarial" es el nombre adoptado por el artículo 260 y siguientes de la Decisión 486 de 2000 de la Comunidad Andina.
- "Secreto industrial" es el término que usaba la Decisión 344 de 1993 de la Comunidad Andina, sólo que entonces se exigía, para su protección, que el "secreto" estuviera plasmado en un medio material. Este requisito desapareció con la expedición de la Decisión 486 de 2000 que derogó la mencionada Decisión 344. En consecuencia, hoy día no se exige que el secreto conste por escrito o esté grabado o fijado en medio material alguno, puesto que se considera que lo secreto no es el documento en sí, sino la información contenida en él[8].
- La normativa colombiana, Ley 256 de 1996, habla de la sanción contra la violación de "secretos", en general, concepto dentro del cual incluye a los "secretos industriales o cualquiera otra clase de secretos empresariales"[9].

En todas las compañías se producen constantemente datos, información o conocimiento valioso que les permiten mejorar o ser

---

8 En Estados Unidos ocurre algo similar. El *Defend Trade Secrets Act* de 2016 (DTSA) permite la protección de la información que está guardada únicamente en la memoria de un individuo. *"The DTSA, unlike the UTSA, also provides that information 'stored' only in an individual's memory can be the subject of a civil claim for theft of trade secrets"*. Toren, Peter. *Definition of a 'Trade Secret' Under the DTSA*. [Recuperado el 16 de mayo de 2016]. Disponible en: <http://www.ipwatchdog.com/2016/05/24/defintion-trade-secret-dtsa/id=69262/>.

9 El artículo 16 de la Ley 256 de 1996 establece que la divulgación o explotación sin autorización de secretos industriales o empresariales, obtenidos de manera legítima pero con deber de reserva, o de forma ilegítima, se considera desleal. También se considera desleal la obtención de secretos mediante espionaje u otros métodos similares.

más efectivos que la competencia. El gerente que permanece en contacto con los empleados tiene más opción de conocer y administrar los secretos empresariales que identifica[10]. Para ello, debe hacerse las siguientes preguntas:

Tabla 11. Preguntas para determinar el valor de los secretos empresariales

- ¿Qué información importante para su empresa es conocida por fuera de ella?
- ¿Quién tiene información comercial suya que deba permanecer en reserva?
- ¿En el pasado se han adoptado medidas para proteger la información secreta?
- ¿Cuál es el valor potencial que tiene la información para los competidores de su empresa?
- ¿Cuánto esfuerzo y/o dinero gastó su empresa para desarrollar la información?
- ¿Qué tan difícil será para los otros adquirir o duplicar esa información?
- ¿La información cumple con los requerimientos legales de un secreto comercial?

Fuente: Elaboración propia.

Una vez se haya identificado la información que desea proteger, el siguiente paso es aplicar los mecanismos de protección que resulten adecuados según la naturaleza y el valor de la información. Por ejemplo, si se trata de empresas dedicadas a invenciones, descubrimientos o nuevas creaciones, es importante diseñar un sistema simple y sencillo para que los investigadores revelen a los directivos

[10] Halligan, Mark. <*Software Development Cycle. The trade secrets homepage*, en [Recuperado el 25 de febrero de 2008]. Disponible en: www.rmarkhalligan.com/idoctrine.html>.

sus invenciones. Esto es lo que en inglés se llama un *invention disclosure procedure* (procedimiento para la revelación de invenciones).

En las empresas es conveniente establecer una política clara de protección de secretos empresariales dirigida a dificultar el acceso de los competidores a la información confidencial y además, a servir como evidencia de que allí existen tales medidas. Debe estar por escrito y especificar las sanciones por violar estas normas.

Otra sugerencia sería restringir el número de personas que tienen acceso a la información de la empresa. Mientras un mayor número de personas conozca un secreto, más difícil será mantenerlo en reserva. En consecuencia, para reducir el riesgo de divulgación de secretos debe limitarse el acceso a ellos. Es más, la cantidad y la naturaleza de la información revelada a un empleado debe depender exclusivamente de su "necesidad de saber", conocida en inglés como "*need to know basis*" [11]. Halligan, uno de los autores norteamericanos más conocidos sobre el tema, sugiere que, con el objeto de conservar la información secreta, es aconsejable separar los departamentos de la empresa, de tal forma que cada uno de ellos tenga sólo una pieza del rompecabezas "*a piece of the puzzle*".

Ahora bien, el desarrollo de los negocios hace que a menudo sea necesario revelar los secretos empresariales a terceros. Hablamos, por ejemplo, de consultores, asesores financieros, programadores informáticos y otros profesionales independientes, quienes necesitan conocer cierta información confidencial de las compañías para desarrollar las funciones propias de sus oficios. Se sugiere incluir cláusulas de confidencialidad en los contratos o negociar acuerdos de confidencialidad anexos. Tanto las cláusulas como los acuerdos deben ser claros, cortos y describir de manera general la información confidencial. Específicamente el receptor de la información debe comprometerse a no divulgarla,

---

[11] Halligan, Mark. <*Software Development Cycle. The trade secrets homepage*, en [Recuperado el 25 de febrero de 2008]. Disponible en: www.rmarkhalligan.com/idoctrine.html>.

a menos que medie el consentimiento expreso –e idealmente por escrito– de quien la entrega.

El siguiente cuadro resume algunas de las medidas recomendadas para mantener la información en secreto:

Tabla 13. Recomendaciones para mantener la confidencialidad de los secretos empresariales

Medidas jurídicas	Acuerdos o cláusulas de confidencialidad.
Medidas informativas	Medidas que tienden a informar al público que cierta información debe permanecer en secreto –*notice measures*–.
Medidas físicas de seguridad	Medidas físicas de seguridad –*physical security measures*–, como las claves secretas, que buscan impedir a personas que no tienen autorización para obtener cierta información, que la conozcan o utilicen.
Medidas prácticas	Medidas que tienen que ver con el sentido común, como la elaboración y socialización de unas políticas de protección de la información al interior de la empresa, y la entrega de la información en forma fraccionada, según su contenido o según el interés del destinatario: *piece of a puzzle* o *need to know basis.*

Fuente: Elaboración propia

3. MEDIDAS TECNOLÓGICAS DE PROTECCIÓN

Desde hace tiempo la ley permite y propicia la implementación de medidas tecnológicas para evitar la copia ilegal de obras protegidas por el derecho de autor. "En el caso de un cine al aire libre, por ejemplo, se alzan vallas y se distribuyen auriculares individuales a los que pagan la entrada. La codificación de la señal de televisión sirve igualmente para excluir a aquellos que no abonan una cuota. Este tipo de métodos podrían extenderse en el futuro (en el ámbito de Internet, por ejemplo, en emisoras digitales o bancos de música). Los productos podrían incorporar también sistemas anticopia más sofisticados"[12].

Precisamente hoy en día se habla de las medidas tecnológicas de protección (MTP) que se definen "como todo software o dispositivo o la combinación de los dos encaminado a proteger la obra protegida contra accesos o usos no autorizados por el titular de los derechos o por la ley"[13]. La profesora Marcela Palacio habla de tres tipos de MTP[14]:

Tabla 14. Medidas tecnológicas de protección

• Medidas de control de acceso como claves y contraseñas.
• Medidas de control de copia o de usos no autorizados como uso de "solo lectura", control de impresión o bloqueos de descargas.
• Medidas de identificación del usuario que accede a las obras.

Fuente: Elaboración propia.

Si se mira bien, las MPT son medidas de auto ejecución de derechos, puesto que gracias a ellas los titulares "evitan tener que acudir a un proceso judicial para lograr el objetivo de proteger sus derechos. Esta posibilidad es de especial importancia en el entorno digital, donde dada su naturaleza se dificulta el seguimiento de las obras, permitiendo que muchas infracciones queden impunes," [15] ante la dificultad para dar con el origen de los infractores, además de los altos costos de transacción en caso de iniciar acciones legales en contra de cada una de dichas personas.

---

12 Palmer,Tom. "Intellectual Property: A Non-Posnerian Law and Economics Approach". Op. Cit. p. 296

13 Palacio, Marcela. Las medidas tecnológicas de protección: la implementación del Perú. Revista chilena de derecho. Vol.47 no.3 Santiago dic. 2020. http://dx.doi.org/10.7764/r.473.4

14 Ibídem.

15 Ibídem.

En sus inicios estas medidas no fueron tan exitosas, porque siempre aparecía un hacker que encontraba la forma de violarlas. Así apareció la prohibición a la elusión de las medias tecnológicas de protección mediante normas conocidas como disposiciones anti elusión, que buscan apoyar la lucha de los titulares en la protección de sus derechos.

A nivel internacional, fue adoptado el WCT, que en su artículo 11 establece que "las Partes Contratantes proporcionarán protección jurídica adecuada y recursos jurídicos efectivos contra la acción de eludir las medidas tecnológicas efectivas que sean utilizadas por los autores en relación con el ejercicio de sus derechos en virtud del presente Tratado o del Convenio de Berna y que, respecto de sus obras, restrinjan actos que no estén autorizados por los autores concernidos o permitidos por la Ley".

En Estados Unidos la Digital Millennium *Copyright Act* de 1998, Sección 1201, prohíbe la elusión de medidas tecnológicas de control de acceso, el tráfico de dispositivos cuya principal función sea la elusión de medidas tecnológicas de control de acceso y el tráfico de dispositivos cuya principal función sea la elusión de medidas tecnológicas de control de copia[16].

Por su parte, en Colombia la Ley 1915 de 2018 establece en su artículo 12 un catálogo de conductas relacionadas con la elusión de las MTP que, de llegar a cometerse, dan lugar a responsabilidad civil. Esta norma es enfática en señalar que la sanción es independiente a la infracción al derecho de autor o los derechos conexos, lo que denota su importancia y la gravedad con que es interpretada por parte de la normativa nacional.

---

16 Ibídem.

4. ANTE LA DUDA: ABSTÉNGASE... ACTÚE CON CALMA Y SEA CREATIVO

A veces lo mejor es actuar con tranquilidad[17]. Las compañías tienden a pensar que los problemas que se presentan en Internet son novedosos y complejos, pero no es así[18]. Pese al aumento en la sofisticación de los sistemas a través de los que se reproducen o ponen a disposición obras, creaciones, marcas y muchos otros activos intangibles, lo cierto es que este tipo de conductas no cambian la discusión desde la propiedad intelectual: existen determinadas creaciones protegidas como activos de propiedad intelectual, y unas formas de irrespetar los derechos de sus titulares.

Si comprendemos que el problema es el mismo (i.e. desde que nació la propiedad intelectual se busca proteger razonablemente ciertas creaciones y evitar que terceros "*free riders*" se aprovechen de ellas), solo queda revisar la forma de hacerle frente desde las nuevas tecnologías. Por ejemplo, si un usuario registra una cuenta en Facebook, Instagram, X, o TikTok, con un nombre que se parece al de la marca de un titular, podemos presentar una solicitud de conciliación, una demanda por infracción marcaria, enviar una carta de reclamo (*cease and desist letter*),[19] o simplemente seguir el procedimiento que señala la respectiva red social para estos casos. La mayoría de las redes sociales disponen de herramientas al alcance del propietario de la marca para combatir las infracciones en la red, sin necesidad de incurrir en los considerables gastos de tiempo y dinero asociados a las estrategias tradicionales de protección de marcas.

Además de una posición jurídica sobre la efectividad de las medidas de protección (*enforcement*, en inglés), es fundamental elegir

---

17 Thomas Lisa, Newman Robert. Cinco pasos para proteger sus marcas en el mundo de la Web 2.0. Revista de la OMPI, mayo de 2010 https://www.wipo.int/wipo_magazine/es/2010/05/article_0006.html Septiembre de 2010. [Consultado el 20 de marzo de 2020].

18 Ibídem.

19 Ibídem.

una estrategia de defensa que tenga en cuenta el impacto que una reclamación, de cualquier tipo, puede tener en la imagen pública del titular del activo de propiedad intelectual. En efecto, la imagen de una empresa puede verse afectada si, ante un caso de infracción, se toma la decisión apresurada de denunciar, demandar, o condenar públicamente, antes de tomar una aproximación amistosa; lo anterior será aún peor, si la empresa decide iniciar cualquier tipo de acción contra una página de fans o de personas que quieren hacer un homenaje, por ejemplo, a una marca reconocida. Esto le ocurrió a The Coca–Cola Company. Dicha empresa descubrió que había una página de Coca–Cola en Facebook, que había sido creada por dos admiradores y que tenía millones de seguidores. En lugar de demandarlos, la empresa se puso en contacto con ellos y les propuso compartir con ellos la gestión de dicha página, llegando a ser una de las más populares de esa red social[20].

Los autores de este texto consideramos que hay que utilizar las estrategias tradicionales para hacer valer los derechos cuando se considera que los límites establecidos en los términos y condiciones de las redes sociales no son suficientes, y cuando un acercamiento directo no resolverá la situación de incumplimiento, pero, como se anunciaba, esta decisión debe tomarse en conjunto con administradores de empresas y comunicadores porque puede suceder que su demanda caiga mal entre el público –una gran compañía contra un pobre internauta[21] o, peor aún, contra un grupo de interés con mayor protección–. Citamos por ejemplo el caso de Barbara Streisand. Cuando esta famosa actriz y cantante descubrió que alguien había insertado fotografías de su casa en un estudio sobre el medio ambiente publicado en Internet, demandó al propietario del sitio Web por intromisión en su vida privada[22]. El público la tildó como

---

20 Ibídem.

21 Thomas Lisa, Newman Robert. Op. Cit.

22 Estados Unidos, Streisand v. Adelman. Caso N° SC 077257 (Cal. Super. Ct. 31 de diciembre de 2003)

una artista quisquillosa, mientras que la página de Internet que utilizó su imagen recibió más de un millón de visitantes[23].

Se recomienda a los titulares en cada caso revisar minuciosamente las situaciones en las que sus activos de propiedad intelectual sean real o potencialmente infringidos, con el objetivo de determinar la mejor forma de proceder. Esto implica buscar el asesoramiento no sólo de expertos legales sino también, en época de redes, en comunicación digital.

5. LA VÍA DE LA COMPETENCIA DESLEAL

El término competencia desleal está compuesto por dos nociones: "competencia" y "deslealtad". Por consiguiente, debe quedar claro que las normas sobre competencia desleal no castigan la competencia *per se* sino las prácticas competitivas desleales. La Ley 256 de 1996, que es la ley que sanciona la competencia desleal en Colombia, califica los siguientes actos como prácticas competitivas desleales:[24] los actos o hechos que resulten contrarios a las sanas costumbres mercantiles, al principio de la buena fe comercial, a los usos honestos en materia industrial, a la libre decisión del consumidor y al funcionamiento concurrencial del mercado.

Lo censurable entonces, según la ley mencionada, no es que un comerciante intente quitarle a otro la clientela, pues ése es un fin legítimo en el mercado; al fin y al cabo, el mercado ya está definido, por regla general, por lo que cualquier nuevo oferente deberá buscar una porción del pastel. Lo que se reprocha es que para "capturar" consumidores, el comerciante utilice medios indebidos tales como actos de desorganización, actos de confusión,

---

23 Thomas, Newman. Op. Cit.

24 Están previstos en el artículo 7° de la Ley 256 de 1996 y en el Convenio de París, aprobado en Colombia mediante Ley 178 de 1994, artículo 10 bis, numeral 2°.

actos de engaño, actos de descrédito, actos de imitación, explotación de reputación ajena, violación de secretos, inducción a la ruptura contractual y violación de normas y pactos de exclusividad, entre otros. Así lo explicó la Superintendencia de Industria y Comercio (SIC) al fallar un caso de competencia desleal[25]. En ese pronunciamiento la entidad hizo un recuento de la historia de la figura de la competencia desleal y llegó a la conclusión de que mediante la Ley 256 de 1996 Colombia adoptó el modelo social, que califica el derecho de la competencia como un derecho público, protector del interés general y no como un derecho privado, dirigido a proteger exclusivamente el interés particular del empresario[26]. Este modelo similar al que se presenta con las marcas, las cuales no pueden ser registradas si son susceptibles de causar engaño, confusión o asociación, sobre el público consumidor.

Quien requiera iniciar un proceso por competencia desleal debe verificar que de verdad exista una conducta que sea desleal. El concepto de "lealtad" fue definido por la Corte Suprema de Justicia de Colombia así: "Obrar lealmente es actuar de conformidad con la manera corriente de las acciones de quienes obran honestamente en el comercio, vale decir, con un determinado estándar de usos sociales y buenas prácticas mercantiles"[27].

La conducta desleal debe haber sido realizada en el mercado, es decir, en el escenario en que tanto oferentes como consumidores buscan satisfacer necesidades propias y ajenas[28]. Además, la conducta desleal puede haber sido realizada por cualquier persona, independientemente de su calidad de comerciante. En Co-

---

25 Colombia, Superintendencia de Industria y Comercio. Resolución 11090, abril 29/03.

26 Perú, INDECOPI. Resolución 001-2001-LIN-CCD.

27 Colombia, Superintendencia de Industria y Comercio. Sentencia 005, abril 3/06.

28 Colombia, Superintendencia de Industria y Comercio. Resolución 11090, abril 29/03.

lombia las normas sobre competencia desleal se aplican a todos los participantes en el mercado sean o no comerciantes, sean o no competidores[29]. También se requiere que la conducta tenga una finalidad concurrencial, es decir, que haya sido realizada con el fin de mantener o incrementar la participación en el mercado[30]. Al respecto el artículo 2° de la Ley 256 de 1996 determina que la finalidad concurrencial se presume cuando el acto resulta idóneo para mantener o incrementar la participación en el mercado de quien lo realiza o de un tercero. Finalmente, se necesita que la conducta produzca o esté llamada a producir efectos en el mercado colombiano[31], independientemente del lugar donde haya sido desarrollada[32].

Para terminar este capítulo y tras analizar las diversas estrategias para proteger la propiedad intelectual queda claro que el camino no puede ni debe limitarse a la figura de la infracción a los derechos de propiedad intelectual tradicionales. Desde vías contractuales, medidas tecnológicas de protección o acciones por competencia desleal, existe un abanico de alternativas que complementan y fortalecen la salvaguarda de las creaciones intelectuales, sin necesidad de aumentar indiscriminadamente la protección existente, como abogan muchos.

---

29 El artículo 3° de la Ley 256 de 1996 señala: "Ámbito subjetivo de aplicación. Esta Ley se le aplicará tanto a los comerciantes como a cualesquiera otros participantes en el mercado.
La aplicación de la Ley no podrá supeditarse a la existencia de una relación de competencia entre el sujeto activo y el sujeto pasivo en el acto de competencia desleal".

30 Ibíd.

31 Colombia, Ley 256 de 1996, artículo 4°: "Esta ley se aplicará a los actos de competencia desleal cuyos efectos principales tengan lugar o estén llamados a tenerlos en el mercado colombiano."

32 Velandia, Mauricio. "Competencia desleal por uso de signos distintivos." *Revista La Propiedad Inmaterial*, Universidad Externado de Colombia, primer semestre de 2001, Bogotá.

Este enfoque integral reconoce la necesidad de equilibrar los intereses de todas las partes involucradas, no solo protegiendo los derechos de los creadores y empresarios, sino también garantizando los derechos y el bienestar de los consumidores. Así, se promueve un entorno donde la innovación y la creatividad prosperan, al tiempo que se fomenta un mercado justo y transparente que beneficie a la sociedad en su conjunto.

Conclusiones

Los derechos de propiedad intelectual enfrentan varios desafíos entre los que podemos mencionar el abuso del derecho, la irrupción de las nuevas tecnologías, la dilución intencional de la temporalidad del amparo y la falta de claridad sobre el objeto de protección.

El abuso del derecho se manifiesta en el uso indebido de la propiedad intelectual para fines tales como hostigar a competidores, presionar a terceros y participar en prácticas anticompetitivas, acciones que se ven agravadas por la falta de claridad de las normas; la influencia, a veces indebida, de grupos de presión; la escasa comprensión integral de la materia por parte de los intérpretes y la insuficiente aplicación de las sanciones.

Además, la profesora estadounidense Robin Feldman explica que el sistema de propiedad intelectual a menudo permite a los titulares de derechos exigir compensaciones desproporcionadas en relación con el valor real de los derechos[1]. Este fenómeno, denominado "magnificación" de los derechos, puede tener efectos negativos en la innovación, crear fallas en los mercados y generar un uso ineficiente de los recursos legales. Un juez de Estados Unidos expresó su frustración al señalar que el tribunal estaba siendo utilizado como un peón en disputas relacionadas con la propiedad intelectual[2]. Esta declaración resalta la percepción de que los procesos judiciales en este ámbito muchas veces están siendo

---

1 Robin Feldman, *Intellectual Property Wrongs*, 18 *Stanford Journal of Law, Business & Finance* 250 (2013), p. 311.
Disponible en: https://repository.uchastings.edu/faculty_scholarship/

2 Ver Jeff John Roberts, Famous judge spikes Apple-Google case, calls patent system "dysfunctional", GIGAOM (un. 8 2012), http://gigaom.com/2012/06/08/famous-judge-spikesapple-google-case-calls-patent-system-dysfunctional/ (discussing Apple, Inc. v. Motorola, Inc.,

manipulados para obtener ventajas indebidas, en lugar de servir como un mecanismo justo y equitativo para resolver conflictos.

Otro factor es el desafío que la tecnología y la cultura de la información imponen sobre la forma en que creamos, compartimos y utilizamos el conocimiento. La tecnología, en concreto la digitalización y la facilidad de reproducción y distribución, han generado un aumento exponencial en la piratería digital. La cultura de la información, por su parte, ha fomentado prácticas como el "remix" y la colaboración abierta, donde las fronteras entre la creación original y la derivada se vuelven difusas, desafiando los conceptos tradicionales de originalidad y propiedad. Además, la tecnología ha facilitado la creación de obras colaborativas a nivel mundial, lo que plantea interrogantes sobre la autoría y la atribución de derechos.

Otra de las variables que inciden en esta crisis es lo que llamamos la dilución intencional de la temporalidad de la protección que se evidencia en figuras como el *evergreening* que ocurre a veces gracias al lobby directo o indirecto de ciertos grupos de presión, lo cual es muy grave, si tenemos en cuenta que la temporalidad es la columna vertebral de la propiedad intelectual. Citamos a este respecto a Thomas Jefferson, presidente de los Estados Unidos desde 1801 hasta 1809, quien, pese a su presunta animadversión hacia las patentes, eventualmente aceptó que el progreso en las ciencias y artes sólo podría lograrse asegurando *temporalmente* derechos exclusivos para las creaciones humanas que cumplieran con determinados criterios. De hecho, en 1807 escribió:

> "...si bien un inventor merece disfrutar de los beneficios de una invención por un cierto tiempo, es igualmente cierto que este reconocimiento no debe ser perpetuo: importunar a la sociedad con

---

No. 1:11-CV-08540, 2012 WL 2362630, at *1 (N.D. Ill. E. Div. Jun. 7, 2012)). Citado por Robin Feldman, *Intellectual Property Wrongs,* 18 *Stanford Journal of Law, Business & Finance* 250 (2013). p. 313. Disponible en: https://repository.uchastings.edu/faculty_scholarship/1045

> monopolios para cada utensilio existente podría resultar más perjudicial que si los supuestos inventores nunca hubieran existido"[3].

Un elemento adicional a considerar es la falta de claridad sobre el objeto de protección. Actualmente, es común afirmar que todos tenemos derechos de propiedad intelectual sobre cualquier cosa que se nos ocurra, pero es fundamental recordar que el derecho de autor solo protege las creaciones originales expresadas por cualquier medio o soporte, tangible o intangible, conocido o por conocerse; las marcas solo se aplican a los signos realmente distintivos y las patentes solo se otorgan a las invenciones que sean nuevas, novedosas, con aplicación industrial. Esto significa, por ejemplo, que las ideas sin expresar, algunas creaciones como la presentación visual de una preparación culinaria o las creaciones no humanas fruto de la inteligencia artificial no están protegidas por el derecho de autor[4] pero pueden estar cubiertas por otras áreas del derecho, previa verificación de cada caso.

---

3 Cole Julio. ¿Se justifican las patentes en una economía libre? Revista Themis 38, p.315-317 citando a Meier, H.A. "Thomas Jefferson and democratic technology". En: Pursell, C.W.,ed., Tecknology in America. MIT Press, (1990) p.17-33. Allí relata que Benjamin Franklin rechazó el ofrecimiento de una patente en su favor por la invención de su famosa estufa diciendo: "...así como disfrutamos de muchas ventajas de los inventos de otros, deberíamos con gusto aprovechar la oportunidad de servir a otros mediante cualquier invención nuestra; y deberíamos hacerlo libre y generosamente".

4 "... no resulta lógico ni coherente que se acoja bajo nuestro sistema una protección a las obras creadas exclusivamente por sistemas de IA, a través del derecho de autor, pues aunque tales creaciones puedan revestir de un contenido literario y/o artístico, el principal requisito de originalidad no se materializa al ser elementos creados por autonomía completa de un sistema de inteligencia artificial, estando ausente cualquier rasgo de la personalidad o "lo propio de su autor" —el cual, como vimos, solo puede derivar una persona natural—." Pérez Montaña, Camilo; Sarmiento Paez, Cristian. El derecho de autor en tiempos de inteligencia artificial: ¿Es necesario actualizar la legislación colombiana? Óp. Cit.

Precisamente una de las tesis de este libro consiste en que la PI debe mirar hacia otras ramas del derecho como sería el derecho contractual y el de la competencia. La evolución de esta última área es un ejemplo de la forma cómo los cambios de la sociedad pueden influir positivamente en la forma como se interpretan las normas. Hace décadas se pensaba que el derecho de la competencia tenía por objeto amparar exclusivamente al comerciante –modelo profesional– pero hoy se considera que sus normas están dirigidas a proteger no sólo los intereses de los competidores, sino también el buen funcionamiento del mercado y los derechos de los consumidores, combinación que se conoce como el modelo social[5].

Los autores de esta obra pensamos que habría que insistir en nuevas limitaciones y excepciones a la propiedad intelectual como las que se impusieron a la minería de datos en la Directiva Europea (UE) 2019/790 sobre derechos de autor y derechos conexos en el mercado único digital[6] o en Estados Unidos a la luz del *fair use*, considerando que con la minería de datos se hace un uso transformativo que altera la expresión, sentido o mensaje[7]. En Colombia las puertas están abiertas pues la Ley 1915 de 2018 estableció que cada tres años se convocará a una audiencia pública para revisar las limitaciones y excepciones para determinar si es necesario presentar un proyecto de ley al Congreso dirigido a reformar, eliminar o establecer nuevas limitaciones y excepciones al derecho de autor y conexos.

Otra de nuestras propuestas consiste en promover la simplificación y aceleración de los procesos relacionados con la propiedad intelectual. Abogamos por normativas como la Ley Leahy-Smith America Invents Act (AIA) de Estados Unidos, promulgada en 2011, que simplificó los procedimientos para revocar patentes otorgadas

---

5 Jaeckel Kovacs Jorge. "Apuntes sobre competencia desleal". Op. Cit.

6 García Vidal, Ángel. Propiedad intelectual y minería de textos y datos: estudio de los artículos 3 y 4 de la Directiva (UE) 2019-790. 2020. http://hdl.handle.net/10347/25639 p. 3.

7 *Ibídem*, p.9.

de manera imprudente. Estas medidas pueden disuadir a aquellos que adquieren activos de propiedad intelectual con la única intención de litigar de manera agresiva y sin un propósito legítimo.

A veces las soluciones a los problemas en el sistema de propiedad intelectual pueden ser sencillas. Basta con interpretar las normas de manera distinta, mejorar la comunicación entre las diferentes áreas encargadas de administrar el sistema de propiedad intelectual o fomentar investigaciones que no se centren únicamente en la rentabilidad. En este último punto y para el caso estadounidense, por ejemplo, la profesora Feldman que mencionamos arriba, aboga por cambiar la forma en que se promueven las invenciones en el área médica previniendo el desarrollo excesivo de productos similares pero no mejores ("*me–too drugs*"); evitando el enfoque en medicamentos para enfermedades que afectan a personas ricas y países ricos en lugar de medicinas para combatir enfermedades que afectan de manera desproporcionada a los países en desarrollo y propiciando la investigación de medicamentos que si bien reportan menos beneficios económicos pueden generar más bienestar como los antibióticos[8]. En líneas generales la autora aboga por reformar la legislación de patentes farmacéuticas en Estados Unidos y en ese sentido propone que una invención no sea considerada "útil" cuando cumple "cualquier función", sino que se evalúe cada caso para verificar si de verdad mejora el bienestar de las personas.

Por último, la profesora mencionada sugiere que las diferentes formas de exclusividad para productos farmacéuticos deberían estar vinculadas y limitadas: "El actual sistema confuso de patentes de compuestos, patentes de método de tratamiento, patentes de formulación, exclusividad de nuevas entidades químicas, exclusividad pediátrica, exclusividad de medicamentos huérfanos y otros incentivos crea oportunidades ilimitadas para manipular

---

8 Feldman, R.C., Hyman, D.A., Price, W.N. *et al.* Negative innovation: when patents are bad for patients. *Nat Biotechnol* 39, 914–916 (2021). https://doi.org/10.1038/s41587-021-00999-0

el sistema. Coordinar los incentivos y limitar la exclusividad total asociada con cualquier producto base podría ayudar a limitar esta manipulación"[9].

Esto nos recuerda la existencia de la doctrina del uso inapropiado de la propiedad intelectual que permite sancionar a los titulares de derechos cuando utilizan su posición con fines perjudiciales o injustos, evitar obligaciones legales, acosar a competidores o participar en prácticas anticompetitivas[10].

El desafío, por supuesto, es definir qué cae en la categoría de comportamiento inapropiado o abusivo del derecho de una manera lo suficientemente sólida como para que la doctrina no se convierta esencialmente en otra arma en el arsenal que las partes lancen una contra la otra. Es por ello que quienes defienden esta teoría advierten que el proceso para determinar los límites del comportamiento inapropiado en propiedad intelectual debe ser flexible, dinámico y creativo, y sugieren que se podría comenzar por calificar unos comportamientos como inapropiados *per se*, tal y como se usa en Estados Unidos en la investigación antimonopolio[11].

Para el caso colombiano, Cristian David Sarmiento, en el libro "Propiedad intelectual: Aspectos contractuales de los derechos patrimoniales de autor"[12], también publicado por la editorial Tirant Lo Blanch, propone que se utilicen las figuras de la lesión enorme y la teoría de la imprevisión para equilibrar las relaciones contractua-

---

9 Feldman, R.C., Hyman, D.A., Price, W.N. *et al.* Negative innovation: when patents are bad for patients. *Nat Biotechnol* 39, 914–916 (2021). https://doi.org/10.1038/s41587-021-00999-0

10 Robin Feldman, *Intellectual Property Wrongs*, 18 *Stanford Journal of Law, Business & Finance* 250 (2013), p. 314. Disponible en: https://repository.uchastings.edu/faculty_scholarship/

11 Robin Feldman, *Intellectual Property Wrongs*, 18 *Stanford Journal of Law, Business & Finance* 250 (2013), p. 308. Disponible en: https://repository.uchastings.edu/faculty_scholarship/1045308

12 *Ibídem*, p. 311.

les. En concreto sostiene que la Comunidad Andina se quedó atrás en el objetivo de garantizar un mayor equilibrio entre las partes de los contratos de transferencia de derechos patrimoniales de autor y por ello sugiere varios cambios: uno, que cuando haya existido una transferencia de derechos patrimoniales de autor mediante acto entre vivos, una vez hayan transcurrido 25 años después de la muerte del autor, los derechos patrimoniales de autor sean transferidos a los herederos (ya no desde la muerte del autor, como actualmente lo establece la norma, con nula aplicación en la práctica) y dos, que se aplique la lesión enorme cuando las partes acuerden un pago único por la transferencia de los derechos patrimoniales de autor que sea inferior al cincuenta por ciento del valor total de la obra. Para el efecto Sarmiento plantea, entre otras, modificar el artículo 33 de la Ley 397 de 1997 remplazando las palabras "mínimo vital" y "seguridad social" por "congrua subsistencia", concepto tomado del artículo 413 del Código Civil y de la Directiva Europea 2019/790 que trata sobre el principio de remuneración adecuada y proporcionada para los autores[13].

Para terminar queremos insistir en que no abogamos por la desaparición de la propiedad intelectual, al contrario, resaltamos su importancia, pero insistimos en la necesidad de buscar un equilibrio, porque las normas sobre PI no sólo fueron dictadas como incentivo para los artistas e inventores, sino también para beneficiar a la humanidad. En concreto, pensamos que para lograr el equilibrio es importante insistir en la temporalidad, la delimitación del objeto de protección, la utilización de otras áreas del derecho para cubrir ciertas situaciones y la adopción de nuevas limitaciones y excepciones a muchas figuras de la propiedad intelectual.

Aunque existen debates y críticas legítimas en torno al derecho de propiedad intelectual, su desaparición completa, además de poco probable, no es conveniente por las implicaciones significa-

---

13 Rengifo Martínez José Daniel. Revista Iberoamericana de la Propiedad Intelectual N° 20 (2024): 221-227

tivas en la protección de la creatividad, la innovación y la inversión en investigación y desarrollo. Abogamos para que los sistemas legales sigan evolucionando y logren abordar las preocupaciones y equilibrar los intereses de los creadores y de la sociedad. Este texto es solo un intento, sencillo, para que todos entendamos de qué se trata el problema y busquemos cómo hacerle frente.

Libros, artículos y sitios de Internet

Abbott, R. (2019). The Artificial Inventor Project. *Wipo Magazine.* Recuperado el 5 de septiembre de 2023, de https://www.wipo.int/wipo_magazine/en/2019/06/article_0002.html

Analla, T. Zarya of the Dawn: How AI is Changing the Landscape of Copyright Protection. Recuperado el 17 de julio de 2023, de https://jolt.law.harvard.edu/digest/zarya-of-the-dawn-how-ai-is-changing-the-landscape-of-copyright-protection

Andrews, R. (1987). *The Routledge Dictionary of Quotations.* Routledge.

Antequera, R. (1988). El derecho de autor y el derecho a la cultura. En: II Congreso Internacional sobre la protección de los derechos intelectuales (Del Autor, el Artista, y el Productor). Organización Mundial de la Propiedad Intelectual. Lima, Perú.

Antequera, R. (2021). *Estudios de derecho Industrial y Derecho de Autor.* Editorial Temis S.A. Bogotá.

Armijos, V. (2022). Qué son los NFT, el DEFI y el Metaverso. Recuperado el 10 de septiembre de 2023, de https://www.researchgate.net/publication/361685042_Que_son_los_NFT_el_DEFI_y_el_Metaverso

Aylwin, V. (2016). Apuntes sobre la posibilidad de protección intelectual de las creaciones culinarias en Chile. *ASIPI, Derechos Intelectuales 21.*

Barron, A. (2012). Kant, Copyright and Communicative Freedom. *Law and Philosophy, 31.*

Becher, B. (17 de mayo de 2023). Did the NFT Bubble Burst? Recuperado el 10 de septiembre de 2023, de https://builtin.com/nft-non-fungible-token/nft-bubble

Bonadio, E., y Contardi, M. (2021). Los troles de patentes: una historia de exceso de ejercicios de derechos de propiedad intelectual. *Revista La Propiedad Inmaterial, 32,* 37–70. DOI: 10.18601/16571959.n32.02

Cabanellas de las Cuevas, G. (1984). *Régimen jurídico de los conocimientos técnicos. Know how y secretos comerciales e industriales.* Editorial Heliasta.

Cardenal, M., y Salcedo, E. (2004). *Moda y empresa.* Granica, Barcelona.

Casas, R. (2022). *Materiales Docentes para un curso de Propiedad Intelectual.* Universitat de Barcelona, Barcelona.

Chang, H-J. (2013). Patada a la escalera: La verdadera historia del libre comercio. En: *Revista Ensayos de Economía No. 42.*

Chaves, A. (1986). Protection of distinctive signs not complemented in the industrial property. *RIDA, 130*(9).

Chopra, S. (2018). End intellectual property. Aeon. Recuperado de https://aeon.co/essays/the-idea-of-intellectual-property-is-nonsensical-and-pernicious

Cole, J. (s.f.). ¿Se justifican las patentes en una economía libre? Revista Themis 38. Recuperado de https://dialnet.unirioja.es/descarga/articulo/5110358.pdf

Cole, J. (2001). Patents and Copyrights: Do the Benefits Exceed the Costs? *Journal of Libertarian Studies.* Citado por Espluglas Boter Albert. El monopolio de las ideas: contra la propiedad intelectual. Recuperado de https://www.liberalismo.org/articulo/321/69/monopolio/ideas/propiedad/intelectual/

Collier, R. (2013). Drug Patents: The evergreening problem. *CMAJ, 185*(9), E379-E380. DOI: 10.1503/cmaj.109-4466

Conde Gutiérrez, C., y Consuegra Pacheco, S. (8 de julio de 2015). Un problema de acceso a medicamentos: El caso Imatinib (Glivec) en Colombia. *Innovación y emprendimiento.* Recuperado de https://propintel.uexternado.edu.co/un-problema-de-acceso-a-medicamentos-el-caso-imatinib-glivec-en-colombia/

Cox, C., & Jenkins, J. (2005). Between the Seams, a Fertile Commons: An Overview of the Relationship Between Fashion and Intellectual Property. *The Norman Lear Center.*

De Freitas, D. S. C. (2021). Valoración de activos intangibles basados en la metodología de opciones reales para evaluar inversiones tecnológicas. *Revista Actualidad Contable FACES (Venezuela), N° 42,* 36-96. Universidad de los Andes, Mérida.

De La Parra Trujillo, E. (2004). El derecho sui generis sobre las bases de datos en México y la Unión Europea. *Derecho Comparado de la Información, n.° 3.*

Dejusticia. (Junio 7 de 2022). Vacunas y desigualdad: la propuesta que discute la OMC no es suficiente. Recuperado de https://www.dejusticia.org/vacunas-y-desigualdad-la-propuesta-que-discute-la-omc-no-es-suficiente/

Devarapalli, P. (27 de junio de 2023). Last Days of Disney's Rights on Mickey Mouse: Isn't the Term of Copyright too Long? *American Bar Association's Landslide Magazine, Vol. 15, No. 4.*

Díaz-Pinilla, L. F., Guevara, R., Lamprea, N., & Lizarazo-Cortés, Ó. (julio-diciembre 2016). Caso Imatinib: análisis técnico y jurídico del trámite de patente en Colombia. *Revista La Propiedad Inmaterial n.° 22,* Universidad Externado de Colombia. doi: http://dx.doi.org/10.18601/16571959.n22.08

Dinwoodie, G., Hennessey, W., & Perlmutter, S. (2001). *International Intellectual Property Law and Policy*. Casebook series. Lexis Nexis, N.Y.

Drahos, P. (Junio 1995). Global property rights in information: the story of TRIPS at the GATT. *Prometheus, Vol. 13, No. 1.*

Espluglas Boter, A. El monopolio de las ideas: contra la propiedad intelectual. Recuperado de https://www.liberalismo.org/articulo/321/69/monopolio/ideas/propiedad/intelectual/

Feldman, R. (2013). Intellectual Property Wrongs. *18 Stanford Journal of Law, Business & Finance, 250.*

Fischer, F. (2008). Legislación relativa a los diseños en el sector europeo de la moda. En: *Revista de la OMPI, n.º 1.*

Fisher, W. (s.f.). Theories of Intellectual Property. Disponible en: https://cyber.harvard.edu/people/tfisher/iptheory.pdf

García Vidal, Á. (2020). Propiedad intelectual y minería de textos y datos: estudio de los artículos 3 y 4 de la Directiva (UE) 2019-790. http://hdl.handle.net/10347/25639.

Gómez Segade, J. El secreto industrial (know how): concepto y protección. Madrid: Editorial Tecnos.

Halligan, M. (Sep-Oct. 2013). Protecting U.S. Trade Secret Assets in the 21st Century. *Landslide. A publication of the ABA Section of Intellectual Property Law, Vol. 6 No. 1.*

Hardin, G. (1968). The Tragedy of the Commons. *Science, 162.*

Hawking, S. (2018). Stephen Hawking on Artificial Intelligence. En: Sansad TV. Online. Tomado de: https://www.youtube.com/watch?v=GozpTxFDnFg

Herrera, L. (2019). El derecho de la competencia y las licencias FRAND: Herramientas para el acceso a invenciones. Universidad Externado de Colombia, Bogotá.

Hidalgo Pérez, M. (25 de mayo de 2018). "Trols" de las patentes: ¿al acecho de Europa? *Diario el País.* Recuperado de https://elpais.com/retina/2018/05/21/innovacion/1526918877_995781.html

Hoeren, T. (s.f.). Charles Dickens and the international copyright law. Journal Copyright Society of the U.S.A. Recuperado de https://www.itm.nrw/wp-content/uploads/VG-Wort-Meldung-22.06.2016-Homepage.pdf

Jaeckel Kovacs, J. "Apuntes sobre competencia desleal". [Consultado el 5 de noviembre de 2005]. Disponible en: https://centrocedec.files.wordpress.com/2011/07/1–apuntes–sobre–competencia–desleal–jjk.doc

Jaramillo, C. (17 de agosto de 2023). Las razones para prohibir al influencer Dominic Wolf de usar la camiseta de la Selección. *Asuntos Legales.*

Recuperado de https://www.asuntoslegales.com.co/consumidor/decision-486-de-2000-y-la-prohibicion-a-influencer-de-usar-la-camiseta-de-la-seleccion-3681793

Jasso, J., y Torres, A. (2020). Nuevos mecanismos de colaboración público-privada para el desarrollo y acceso a la vacuna COVID-19: una perspectiva desde la teoría fundamentada. *Revista Contaduría y administración. Especial COVID-19,* 1-19. México DF.

Kamboj, N. (2018). Disney's Influence on the Enactment of the Copyright Term Extension Act ("CTEA"), as Well as the CTEA's Retrospective and Prospective Impact [Tesis de maestría, Harvard Extension School]. USA.

Kant, I. (1902). *Gesammelte Schriften (KGS).* Berlín: Walter de Grunter & Co. Citado y traducido al inglés por Pozzo, R. (2006). Immanuel Kant on Intellectual Property. Sao Paulo.

Kay, J. (s.f.). Intellectual Property Protection: What Role in the 20th Century History of Innovation? Recuperado de www.adb.org/Documents/Conference/Technology_Poverty_AP/adb12.pdf

Khan, B., Zorina, & Sokoloff, K. L. (2001). The Early Development of Intellectual Property Institutions in the United States. *Journal of Economic Perspectives, 15*(3), 233-246. DOI: 10.1257/jep.15.3.233

Kinsella, S. (2001). Against Intellectual Property. *Journal of Libertarian Studies.* Citado por Espluglas Boter, A. El monopolio de las ideas: contra la propiedad intelectual. Recuperado de www.liberalismo.org

Kresalja Rosselló, B. La política en materia de propiedad industrial en la comunidad andina. En: *Derecho Comunitario Andino, Pontificia Universidad Católica del Perú, 2003.*

Lago, F. (2017). La imagen corporal femenina y la belleza como producción cultural y subjetiva. Universidad de la República. Montevideo.

Landes, W., & Posner, R. (1987). Trademark Law: An Economic Perspective. *Journal of Law and Economics, 30,* 265.

M. Piedra, V., et al. (2022). La evolución de las marcas y su importancia en los mercados globalizados. *Ingenio y Conciencia Boletín Científico de la Escuela Superior Ciudad Sahagún, 9*(18).

Marr, B. (Junio 1 de 2022). The amazing ways Nike is using the metaverse, web3, and NFTs. *Forbes.* Recuperado de https://www.forbes.com/sites/bernardmarr/2022/06/01/the-amazing-ways-nike-is-using-the-metaverse-web3-and-nfts/?sh=16a39ffe56e9

Meier, H. A. (1990). Thomas Jefferson and democratic technology. En: Pursell, C. W., ed., *Technology in America.* MIT Press.

Melian, J. C. (26 de mayo de 2015). El 'León come gamba' de Masterchef y la Propiedad Intelectual. *Melián & Abogados*. Disponible en http://mymabogados.com/el-leon-come-gamba-y-la-propiedad-intelectual.html

Mendelson, INTA. (2015). Mendelson, Purdue, Pharma L.P. Trademark Trolls: Here to Stay? *INTA Bulletin*. Recuperado de http://www.inta.org/INTABulletin/Pages/Trademark_Trolls_7021.aspx

Miller, J. (2018). Why The Pirate Bay Remains At Sea While Napster 1.0 Now Rests In DavyJones's Locker. Juniata College. Pennsylvania.

Modica Bareiro, A. (2019). Protección jurídica de las ideas [Tesis doctoral, Universidad Austral]. Publicación especializada ASIPI.

Mossoff, A. (2007). Who Cares What Thomas Jefferson Thought about Patents–Reevaluating the Patent Privilege in Historical Context. *92 Cornell L. Rev.*, 953. Disponible en: http://scholarship.law.cornell.edu/clr/vol92/iss5/2

Muehmel, K. (Junio 7 de 2023). What Is a Large Language Model, the Tech Behind ChatGPT? [Consultado el 10 de septiembre de 2023]. Disponible en: https://blog.dataiku.com/large-language-model-chatgpt

Mutter, K. (2006). Propiedad intelectual y desarrollo en Colombia. *Estudios Socio-Juríd.*, *8*(2), 85-101.

Nguyen, D. (18 de octubre de 2022). How AI Can Help Diagnose Rare Diseases. *Harvard Medical School*. Recuperado de https://hms.harvard.edu/news/how-ai-

Olsson, H. (1988). La OMPI Y Los Convenios Internacionales Sobre Derecho De Autor Y Derechos Conexos. En III Congreso Internacional Sobre La Protección De Los Derechos Intelectuales (Del Autor, el Artista, y el Productor). Lima, Perú: OMPI, Biblioteca Nacional del Perú, Pontificia Universidad Católica del Perú.

Organización Mundial de la Propiedad Intelectual (OMPI). (19 de octubre de 2004). Teoría de los Equivalentes: Principios Fundamentales y Jurisprudencia. Recuperado de https://www.wipo.int/meetings/es/doc_details.jsp?doc_id=34342

Organización Mundial de la Propiedad Intelectual (OMPI). Principios básicos de la propiedad industrial. Ginebra: OMPI, publicación 895.

Organización Mundial del Comercio. Los Miembros examinan la solicitud de exención del Acuerdo sobre los ADPIC e intercambian opiniones sobre la función de la propiedad intelectual en un contexto de pandemia. Recuperado de https://www.wto.org/spanish/news_s/news21_s/trip_23feb21_s.htm

O'Rourke, K. ('Let It Go': Disney's New Approach to Copyright Enforcement. *University of Dayton*. En Line by Line: A Journal of Beginning Student Writing, Vol. 2. 2016.

Pabón Cadavid, J. De los privilegios a la propiedad intelectual. *Universidad Externado de Colombia*, Bogotá, 2010.

Pachón Muñoz, M. (1988). Manual de derecho de autor. Bogotá: Temis.

Palacio, M. (2020). Las medidas tecnológicas de protección: la implementación del Perú. *Revista chilena de derecho, 47*(3). http://dx.doi.org/10.7764/r.473.4

Palmer, T. (1989). Intellectual Property: A Non-Posnerian Law and Economics Approach. *Hamline Law Review*.

Passim Fauchart, E., & von Hippel, E. (2007). Norms-Based Intellectual Property Systems: The Case of French Chefs. *Organization Science, 19*(2). Disponible en http://papers.ssrn.com/sol3/papers.cfm?abstract_id=721182

Pearson, L., Estrin, L., & Zhong, L. (2007). In vogue. IP protection for IP design. *Copyright World, 169*.

Peinado Gracia, J. I., & Solana, D. Press clipping: competencia desleal y propiedad intelectual. Recuperado de http://www.cremadescalvosotelo.com/media/despachoenlosmedios/pdf/PresssClipping.Peinado-Solana.pdf

Pérez Montaña, C., y Sarmiento Paez, C. (octubre-diciembre de 2023). El derecho de autor en tiempos de inteligencia artificial: ¿Es necesario actualizar la legislación colombiana? *Revista Foro de Derecho Mercantil, 81*. Legis. Bogotá, Colombia.

Pichai, S. (2018). Written Testimony of Sundar Pichai, Chief Executive Officer, Google LLC. House Judiciary Committee. Hearing on Transparency & Accountability: Examining Google and its Data Collection, Use, and Filtering Practices. Recuperado de https://nsarchive.gwu.edu/sites/default/files/documents/5686137/Sundar-Pichai-CEO-Google-Statement-for-the.pdf

Pouillet, E. (1879). Traité théorique et pratique de la propriété littéraire et artistique et du droit de représentation. París: Marchal, Billard.

Prajit, G. (6 de mayo de 2023). Protecting intellectual property in the metaverse: Challenges, opportunities, and recent case laws. *Times of India*. Recuperado de https://timesofindia.indiatimes.com/blogs/voices/protecting-intellectual-property-in-the-metaverse-challenges-opportunities-and-recent-case-laws/

Raustiala, K., & Sprigman, C. (2006). The piracy paradox. Innovation and intellectual property in fashion design. *Virginia Law Review, 92*(8).

Razón Pública. (junio 26 de 2022). Lo bueno y lo malo de la decisión de la OMC sobre patentes y vacunas COVID-19. Enrique Prieto Ríos–Rene Ureña–Rafael Tamayo. Recuperado de https://razonpublica.com/lo-bueno-lo-malo-la-decision-la-omc-patentes-vacunas-covid-19/

Rendón, S. (Diciembre de 2022). Extensión del concepto de función social a la propiedad intelectual. *Revista la Propiedad Inmaterial, 34.*

Rengifo, E. (2003). Propiedad intelectual. El moderno derecho de autor. Bogotá: Universidad Externado de Colombia.

Rengifo, D. Revista Iberoamericana de la Propiedad Intelectual N° 20 (2024): 221-227.

Salas, B. (2019). La moda y la propiedad intelectual Una mirada desde la perspectiva de los diseños industriales en Colombia, Francia y la Unión Europea. *Universidad Externado de Colombia,* Bogotá.

Sarmiento Paez, C. (31 de diciembre de 2023). Las zonas fronterizas en la propiedad intelectual. *Opinión Asuntos Legales.* Recuperado de https://www.asuntoslegales.com.co/analisis/cristian-david-sarmiento-3438217/las-zonas-fronterizas-en-la-propiedad-intelectual-

Sarmiento Paez, C. (2024). Propiedad Intelectual: Aspectos contractuales de los derechos patrimoniales de autor. Bogotá: Tirant Lo Blanch.

Savitsky, T. (1990, octubre). Eastman Chemical Company. Tomado de los materiales de clase del profesor Karl Jorda para el curso de "Intellectual Property Management" en Franklin Pierce Law Center, 2004.

Scafidi, S. (2007). Intellectual property and fashion design. En *Intellectual Property and Information Wealth.* Greenwood Publishing Group, p. 122.

Spinellis, D., Louridas, P., & Kechagia, M. (2021). Software evolution: the lifetime of fine-grained elements. *PeerJ Computer Science, 7.*

Spurgeon, P. (julio de 2003). ¿Autorizar o limitar? Utilización en línea con fines educativos: Alternativas para preservar los derechos exclusivos de los titulares del derecho de autor. *Boletín de derecho de autor.* Recuperado de https://unesdoc.unesco.org/ark:/48223/pf0000139672_spa

Stallman, R. (2004). *Software libre para una sociedad libre.* Madrid: Traficantes de Sueños.

Schwab, K. (2016). La Cuarta Revolución Industrial. *World Economic Forum.* Editorial Debate. El tiempo Casa Editorial. Bogotá.

Thomas, L., y Newman, R. (mayo de 2010). Cinco pasos para proteger sus marcas en el mundo de la Web 2.0. *Revista de la OMPI*. Recuperado de https://www.wipo.int/wipo_magazine/es/2010/05/article_0006.html

Tobón Franco, N., y Varela Pezzano, E. (enero de 2010). Derecho de autor para creativos. Bogotá: Grupo Editorial Ibáñez.

Tobón, N. C. (2021). Apuntes sobre la licitud de la copia. *Revista Iberoamericana De La Propiedad Intelectual, 15*, 127-160. https://doi.org/10.26422/RIPI.2021.1500.tob

Toren, P. (16 de mayo de 2016). Definition of a 'Trade Secret' Under the DTSA. Recuperado de http://www.ipwatchdog.com/2016/05/24/defintion-trade-secret-dtsa/id=69262/

Torres Navarro, R. (2010). Lecciones de Derecho Marcario. Bogotá: Editorial Universidad del Rosario.

Ulaby, N. (7 de enero de 2024). 'Steamboat Willie' is now in the public domain. What does that mean for Mickey Mouse? *NPR*. Recuperado de https://www.npr.org/2024/01/01/1221606624/mickey-mouse-public-domain-disney

Varela Pezzano, E., y Tobón Franco, N. (julio-diciembre de 2010). *Revista Vniversitas*, 121, 217-232. Pontifica Universidad Javeriana, Bogotá.

Velandia, M. (2001, primer semestre). Competencia desleal por uso de signos distintivos. *Revista "La propiedad inmaterial"*. Universidad Externado de Colombia.

Wagner, M. (24 de febrero de 2023). The metaverse hype bubble has popped. What now? Recuperado de https://www.fierceelectronics.com/embedded/metaverse-hype-bubble-has-popped-what-now

Werbach, K., & Cornell, N. (2017). Contracts Ex Machina. *Duke Law Journal, 67*.

WIPO Magazine. (abril de 2014). Patent Trolls: Friend or Foe? Por Robert L. Stoll. *WIPO Magazine, 2/2014*. Recuperado de https://www.wipo.int/wipo_magazine/en/2014/02/article_0007.html

Yanisky, S. (2017). Generating Rembrandt: Artificial Intelligence, Copyright, and Accountability in the 3A Era—The Human-like Authors are Already Here- A New Model. *Mich. St. L. Rev., 659*.

Zeballos, M. Copyright trolls: Conclusiones del abogado general. *Cuatrecasas*. Recuperado de https://www.cuatrecasas.com/es/latam/articulo/copyright-trolls-conclusiones-abogado-general&cd=1&hl=es-419&ct=clnk&gl=co

Zukerfeld, M. (XXVII Congreso de la Asociación Latinoamericana de Sociología). Sistematización de los argumentos críticos de la Propiedad Intelectual. Recuperado de https://cdsa.aacademica.org/000-062/222.pdf.

Jurisprudencia

Colombia, Corte Constitucional. (2007). Sentencia T-760.

Colombia, Corte Suprema de Justicia Sala Plena. (1960, 10 de febrero). Sentencia.

Colombia, Corte Constitucional. (1993). Sentencia C-334.

Colombia, Corte Suprema de Justicia Sala de Casación Civil. (2005, 19 de diciembre). Eduardoño v. Nicolás Guerrero. Magistrado Ponente: Pedro Múnar.

Estados Unidos, United States District Court, Northern District of California. (2023). Silverman, et al v. OpenAI Inc. Case No. 3:2023cv03416.

Estados Unidos, US District Court for the District of Delaware. (2023). Getty Images (US), Inc. v. Stability AI, Inc. Case No. 1:2023cv00135.

Tribunal de Justicia de la Comunidad Andina. (2018). Interpretación Prejudicial 75-IP-2018, 607-IP-2018, 47-IP-2015, 3-AI-1996, 29-IP-1995, 30-IP-1995, 32-IP-1995, 2-IP-1990 y 2-N-1986.

Tribunal de Justicia de la Comunidad Andina. (2021). Proceso 282-IP-2021.

Tribunal de Justicia de la Comunidad Andina. (2001). Proceso 43-IP-2001.

Estados Unidos, US District Court for the Southern District of New York. (2022). Hermes International et al v. Rothschild. Caso 1:2022cv00384.

Estados Unidos, US District Court for the Eastern District of Pennsylvania. (2006). Bragg V. Linden Research, Inc. et al. Caso No. 2:2006cv04925.

Unión Europea, Tribunal de Justicia de la Unión Europea. (2014). Svensson y otros vs. Retriever Sverige AB. Sentencia C-466/12.

Estados Unidos, Supreme Court of the United States. (1991). Feist Publications, Inc. v. Rural Telephone Service CO. Caso No. No. 89-1909.

España, Juzgado de lo Mercantil de Barcelona Sección 9. (2024, 11 de enero). Resolución 11/2024. Ponente: Montserrat Morera Ransanz.

Estados Unidos, United States Supreme Court. (2003). ELDRED v. ASHCROFT, 537 U.S. 186.

Francia, Tribunal de Comercio de París. (1994). Société Yves Saint Lauren Couture S.A. v. Société Louis Dreyfus Retail Mgmt. S.A.

Estados Unidos, United States Court of Appeals for the Ninth Circuit. (2001). A&M Records, Inc. v. Napster, Inc., 239 F.3d 1004.

Estados Unidos, United States Supreme Court. (1993). White v. Samsung Electronics América, Inc. U.S. 951, 113 S. Ct. 2443, 124 L. Ed. 2 Ed. 660. Salvamento de voto del juez Alex Kozinski.Principio del formulario

Conceptos

Colombia, Agencia Nacional de Contratación Pública – Colombia Compra Eficiente. (2023). Manual para determinar y verificar los requisitos habilitantes en los procesos de contratación.

Colombia, Dirección Nacional de Derecho de Autor. (2021). Concepto 1-2021-86180.

Colombia, Dirección Nacional de Derecho de Autor. (2005, octubre 13). Concepto 2-2005-9839.

Colombia, Ministerio de Salud. (2016, junio 14). Resolución 2475.

Colombia, Superintendencia de Industria y Comercio. Expediente No. 9838983. También, véase Consejo de Estado. Expediente 11001-03-24-000-2003-00508-01.

Colombia, Superintendencia de Industria y Comercio. (2021). Guía de examinación de invenciones implementadas por computador (IIC).

Colombia, Superintendencia de Industria y Comercio. (2003, abril 29). Resolución 11090.

Colombia, Superintendencia de Industria y Comercio. (2006, abril 3). Sentencia 005.

Colombia, Superintendencia de Industria y Comercio. (2006, abril 3). Sentencia 01/06 y Sentencia 12/11.

Colombia, Superintendencia de Sociedades. (2001). Circular Externa N° 07/01.

Colombia, Superintendencia de Sociedades. (2011). Oficio 220-052743.

Colombia, Dirección Nacional de Derecho de Autor. (2007, marzo 1). Concepto 1-2007-1292.

Colombia, Dirección Nacional de Derecho de Autor. (s.f.). Software y derecho de autor.

Colombia, Superintendencia de Industria y Comercio, Delegatura para la protección del consumidor. (2020). Guía de buenas prácticas en la publicidad a través de influenciadores.

España, Oficina de Patentes y Marcas. (s.f.). Gestión y Valoración de la cartera de Propiedad Intelectual. Carmelitano, Scout. Pricewaterhousecoopers. Valuations & Strategy.

Estados Unidos, Office of the United States Trade Representative. (2024, febrero 16). Public Hearing Regarding the 2024 Special 301 Review.

Estados Unidos, United States Copyright Office. (2023, marzo). Copyright Registration Guidance: Works Containing Material Generated by Artificial Intelligence.

European Parliament. (2023, junio 14). EU AI Act: first regulation on artificial intelligence.

Perú, INDECOPI. (2001). Resolución 001-2001-LIN-CCD.

Perú, OSCE (Organismo Supervisor de las contrataciones del Estado). (2013). Opinión n° 010-2013/ Vega Engenharia Ambiental S.A. Sucursal del Perú.

Otros

BBC:

BBC. (2021, febrero 4). Título del artículo. *BBC.* https://www.bbc.com/mundo/noticias-55911364

Clarín:

Clarín. (2021). Título del artículo. *Clarín.* https://www.clarin.com/tecnologia/misterioso-algoritmo-tiktok-descubierto-relevan-adictivo-internet_0_UO_berfJJ.html

Parlamento Europeo:

Parlamento Europeo. (2024, marzo 13). Título del artículo. *Notas de Prensa.* https://www.europarl.europa.eu/news/es/press-room/20240308IPR19015/la-eurocamara-aprueba-una-ley-historica-para-regular-la-inteligencia-artificial

YouTube "Everything is a Remix":

Everything is a Remix [Video]. (s.f.). *YouTube.* https://www.facebook.com/watch/?v=409552413191753

tirant
PRIME

Inteligencia jurídica
en expansión

Trabajamos para
mejorar el día a día
del **operador jurídico**

Descubre el universo
de **soluciones jurídicas**

atencionalcliente@tirantonline.com